中国古代陶器

王俊 编著

中国商业出版社

图书在版编目（CIP）数据

中国古代陶器／王俊编著． -- 北京：中国商业出版社，2015.5
ISBN 978-7-5044-8500-7

Ⅰ．①中… Ⅱ．①王… Ⅲ．①陶器（考古）-研究-中国 Ⅳ．①K876.34

中国版本图书馆 CIP 数据核字（2015）第 117029 号

责任编辑：常勇

中国商业出版社出版发行
010-63180647　www.c-cbook.com
(100053 北京广安门内报国寺 1 号)
新华书店总店北京发行所经销
北京飞达印刷有限责任公司
＊
710×1000 毫米　16 开　12.5 印张　200 千字
2015 年 8 月第 1 版　2015 年 8 月第 1 次印刷
定价：25.00 元
＊　＊　＊
（如有印装质量问题可更换）

《中国传统民俗文化》编委

主　编	傅璇琮	著名学者，原国务院古籍整理出版规划小组秘书长，清华大学古典文献研究中心主任教授，原中华书局总编辑
顾　问	蔡尚思	著名历史学家，中国思想史研究专家
	卢燕新	南开大学文学院副教授
	王永波	四川省社会科学院文学研究所副研究员
	叶　舟	中国思维科学研究院院长，清华大学、北京大学特聘教授
	于春芳	北京第二外国语学院教授
	杨玲玲	西班牙文化大学文化与教育学博士
编　委	陈鑫海	首都师范大学中文系博士
	李　敏	北京语言大学古汉语古代文学博士
	赵　芳	出版社高级编辑，曾编辑出版过多部文化类图书
	韩　霞	山东教育基金会理事，作家
	陈　娇	山东大学哲学系讲师
	吴军辉	河北大学历史系讲师
	石雨祺	出版社高级编辑，曾编辑出版过多部历史类图书
	王　欣	全国特级教师
策划及副主编	王　俊	

序　言

　　中国是举世闻名的文明古国,在漫长的历史发展过程中,勤劳智慧的中国人,创造了丰富多彩、绚丽多姿的文化,可以说人创造了文化,文化创造了人,这些经过锤炼和沉淀的古代传统文化,凝聚着华夏各族人民的性格、精神、智慧,是中华民族相互认同的标志和纽带。在人类文化的百花园中摇曳生姿,展现着自己独特的风采,对人类文化的多样性发展做出了巨大贡献。中国传统民俗文化内容广博,风格独特,深深地吸引着世界人民的眼光。

　　正因如此,我们必须深入学习贯彻十八届三中全会精神,按照中央的规定,加强文化建设。2006年5月,时任浙江省委书记的习近平同志就已提出:"文化通过传承为社会进步发挥基础作用,文化会促进或制约经济乃至整个社会的发展。"又说:"文化的力量最终可以转化为物质的力量,文化的软实力最终可以转化为经济的硬实力"(《浙江文化研究工程成果文库总序》)。今年他去山东考察时,又再次强调:中华民族伟大复兴,需要以中华文化发展繁荣为条件。

　　学习习近平同志的重要讲话,确可体会到,在政治、经济、军事、社会和自然要素之中,文化是协调各个要素协同发展、相关耦合的关健。正因为此,我们应该对华夏民族文化进行广阔、全面的检视。我们应该唤醒我们民族的集体记忆,复兴我们民族的伟大精神,发展和繁荣中华民族的优秀文化,为我们民族在强国之路上阔步前行创设先决条件。

实现民族文化的复兴,更必须传承中华文化的优秀传统。现代中国人,特别是年轻人,对传统文化十分感兴趣,蕴含感情。但当下也有人对具体典籍、历史事实不甚了解,比如说,中国是书法大国,谈起书法,有些人或许只知道些书法大家如王羲之、柳公权等等的名字,知道《兰亭集序》是千古书法珍品,仅此而已。再比如说,我们都知道中国是闻名于世的瓷器大国,中国的瓷器令西方人叹为观止,中国也因此而获得了"瓷器之国"(英语 china 的另一义即为瓷器)的美誉。然而关于瓷器的由来、形制的演变、纹饰的演化、烧制等等瓷器文化的内涵,就知之甚少了。中国还是武术大国,然而国人的武术知识,或许更多地来源于一部部精彩的武侠影视作品,对于真正的武术文化,我们也难以窥其堂奥了。我们还是崇尚玉文化的国度,我们的祖先,发现了这种"温润而有光泽的美石",并赋予了这种冰冷的自然物以鲜活的生命力和文化性格,例如"君子当温润如玉"、女子应"冰清玉洁"、"守身如玉";"玉有五德",即"仁"、"义"、"智"、"勇"、"洁",等等。今天,熟悉这些玉文化的内涵的国人,也为数不多了。

也许正有鉴于此,有忧于此,近年来,已有不少有志之士,开始了复兴中国传统文化的努力,读经热开始风靡海峡两岸,不少孩童乃至成人,开始重拾经典,在故纸旧书中品味古人的智慧,发现古文化历久弥新的魅力。电视讲坛里一波又一波对古文化的讲述,也吸引着数以万计的人们,重新审视古文化的价值。现在放在读者眼前的这套"中国传统民俗文化丛书",也是这一努力的又一体现。我们现在确应注重研究成果的学术价值和应用价值,充分发挥其认识世界、传承文化、创新理论、咨政育人的重要作用。

中国的传统文化内容博大,体系庞杂,该如何下手,如何呈现?这套丛书处理得可谓系统性强,别具心思。编者分别按物质文化、制度文化、精神文化等方面来分门别类地进行组织编写,例如在物质文化的层面,就有中国古代纺织、中国古代酒具、中国古代农具、中国古代青铜器、中国古代钱币、中国古代石刻、中国古代木雕、中国古代建筑、中国古代砖瓦、中国古代玉器、中国古代陶器、中国古代漆器、中国古代桥梁等等。

在精神文化的层面，就有中国古代书法、中国古代绘画、中国古代音乐、中国古代艺术、中国古代篆刻、中国古代家训、中国古代戏曲、中国古代版画等等；在制度文化的层面，就有中国古代科举、中国古代官制、中国古代教育、中国古代军队、中国古代法律等等。

此外，在历史的发展长河中，中国各行各业还涌现出一大批杰出的人物，至今闪耀着夺目的光辉，启迪后人，示范来者，对此，这套丛书也给予了应有的重视，中国古代名将、中国古代名相、中国古代名帝、中国古代文人、中国古代高僧等等，就是这方面的体现。

生活在21世纪的我们，或许对古人的生活颇感好奇，他们的吃穿住用如何？他们如何过节？如何安排婚丧嫁娶？如何交通？孩子如何玩耍？等等。这些饶有兴趣的内容，这套中国传统民俗文化丛书，都有所涉猎，例如中国古代婚姻、中国古代丧葬、中国古代节日、中国古代风俗、中国古代礼仪、中国古代饮食、中国古代交通、中国古代家具、中国古代玩具、中国古代鞋帽等等，这些书籍介绍的，都是人们深感兴趣，平时却无从知晓的内容。

在经济生活的层面，这套丛书安排了中国古代农业、中国古代纺织、中国古代经济、中国古代贸易、中国古代水利、中国古代车马、中国古代赋税等等内容，足以勾勒出古人经济生活的主要内容，让今人得以窥见自己祖先曾经的经济生活情状。

在物质遗存方面，这套丛书则选择了中国古镇、中国古楼、中国古寺、中国古陵墓、中国古塔、中国古战场、中国古村落、中国古街、中国古代宫殿、中国古代城墙、中国古关等内容。相信读罢这些书，喜欢中国古代物质遗存的读者，已经能大致掌握这一领域的大多数知识了。

除了上述内容外，其实还有很多难以归类却饶有兴趣的内容，例如中国古代的乞丐这样的社会史内容，也许有助于我们深入了解这些古代社会底层民众的真实生活情状，走出武侠小说家们加诸他们身上的虚幻不实的丐帮色彩，还原他们的本来面目，加深我们对历史真实的了解。继承和发扬中华民族几千年创造的的优秀文化和民族精神是我们责无旁贷的历史责任。

不难看出，单就内容所涵盖的范围广度来说，有物质遗产，有非物质遗产，还有国粹。这套丛书无疑当得起"中国传统文化的百科全书"的美誉了。这套书还邀约了大批相关的专家、教授参与并指导了稿件的编写工作。应当指出的是，这套书在写作中，既钩稽、爬梳大量古代文化文献典籍，又参照近人与今人的研究成果，将宏观把握与微观考察相结合。在论述、阐释中，既注意重点突出，又着重于论证层次清晰，从多角度、多层面对文化现象与发展加以考察。这套丛书的出版，有助于我们走进古人的世界，了解他们的美好生活，去回望我们来时的路。学史使人明智。历史的回眸，有助于我们汲取古人的智慧，借历史的明灯，照亮未来的路，为我们中华民族的伟大崛起添砖加瓦。

是为序。

2014年2月8日

前 言

简单地说，陶器就是人类用泥土制作成型，再经过用火加温烧造而成的一种新的物质。人们选择一些适宜制作陶器的泥土，根据要求进行拌和与处理，这样的泥料在技艺熟练的能工巧匠手里，就能随心所欲地创作出形态各异的成型坯件来，坯件待干燥以后，再置于特定环境里用火烘烧，达到一定温度，松软的泥土物质内部结构就会发生性质上的变化，转变成为脆硬的陶质。这就是人类历史上最早的人造材料——陶。这种通过制陶工艺方法而加工制造出来的成型陶质制品，可以一概统称为陶器。郭沫若先生曾经说过："陶器的出现是人类在向自然界斗争中的一项划时代的发明创造。"

陶器工艺是中国最古老的一项工艺。新石器时代就衍生了风格粗犷、朴实的灰陶、红陶、白陶、彩陶和黑陶等。商代出现了釉陶和初具瓷器性质的硬釉陶。

瓷器创制于东汉时期，在唐代达到了制作技术和艺术创造上的高度成熟。宋代制瓷业蓬勃发展，涌现了许多名窑。明清时代陶瓷业鼎盛，其制作工艺从制坯、装饰、施釉到烧成。

中国陶瓷至今兴盛不衰，宜兴的紫砂壶、石湾的陶塑、界首的三彩釉陶、淄博的降色陶、铜官的绿釉陶、崇宁的雕镂釉陶、德化的瓷雕、景德镇的柳叶瓶和凤尾瓶等，均闻名于世。

　　陶器，过去也曾叫做瓦器，在某些场合还常有以土字取代陶字的称谓，如土鼓，实为陶鼓。随着陶器工艺的发展，后来又发明了瓷器，人们于是常把两者合起来叫，称作陶瓷。其实，陶和瓷既有密切关系，又是截然不同的两种物质，在陶器的概念上，必须与瓷器严格区分开。可以说，陶器是人类留传下来的所有不朽的先古文化遗迹中最显著的标志，人类的陶器是对其文化进步的最好的反映并标志着其文化承续。

　　陶器的发明是人类文明的重要进程，是人类第一次利用天然物，按照自己的意志创造出来的一种崭新的东西。陶器的发明，揭开了人类利用自然、改造自然的新篇章，具有重大的划时代的意义。陶器的出现，标志着新石器时代的开端。陶器的发明，也大大改善了人类的生活条件，在人类发展史上开辟了新纪元。恩格斯在《家庭、私有制和国家的起源》一书中指出："可以证明，在许多地方，也许是一切地方，陶器的制造都是由于在编制的或木制的容器上涂上黏土使之能够耐火而产生的。在这样做时，人们不久便发现，成型的黏土不要内部的容器，也可以用于这个目的。"陶器的发明并不是某一个地区或某一个部落古代先民的专利品，它是人类在长期的生活实践中，任何一个古代农业部落和人群，都能各自独立创造出来。

　　陶器的出现是中国新石器时代的主要特征之一，它加强了早期人类定居的稳定性，丰富了人们的日常生活，让我们走进陶器的世界，一同去感受陶器的无穷魅力吧！

目录

第一章　中华瑰宝——陶器

第一节　认识陶器 ……………………… 2
陶器的起源 ……………………………………… 2
陶器与瓷器 ……………………………………… 5
早期陶器的发现 ………………………………… 6

第二节　精益求精的陶器工艺 …………… 11
制陶的基础——原料 …………………………… 11
制陶的技巧——制法 …………………………… 13
陶器的美化——修饰 …………………………… 17
陶器的诞生地——陶窑 ………………………… 19
陶器的外衣——陶色 …………………………… 19

第二章　先秦时期陶器

第一节　原始陶器 ………………………… 24
新石器时代早期陶器 …………………………… 24
河姆渡文化陶器 ………………………………… 26
良渚文化陶器 …………………………………… 28

大溪文化陶器 ………………………………… 30

屈家岭文化陶器 ………………………………… 30

北阴阳营文化陶器 ……………………………… 31

兴隆洼文化陶器 ………………………………… 32

齐家文化陶器 …………………………………… 33

大汶口文化陶器 ………………………………… 34

红山文化陶器 …………………………………… 37

仰韶文化陶器 …………………………………… 40

龙山文化陶器 …………………………………… 45

马家窑文化陶器 ………………………………… 47

其他新石器文化陶器 …………………………… 53

第二节　夏商周三代与春秋战国陶器 ………… 55

夏代陶器 ………………………………………… 55

商代陶器 ………………………………………… 57

春秋时期陶器 …………………………………… 60

战国时期陶器 …………………………………… 60

彩陶文化 ………………………………………… 63

第三章　秦汉魏晋南北朝陶器

第一节　秦汉陶器 ………………………………… 68

秦汉陶器概述 …………………………………… 68

秦代陶器 ………………………………………… 69

秦始皇兵马俑 …………………………………… 71

汉代瓦当艺术 …………………………………… 73

汉代陶器 ………………………………………… 77

汉代低温铅釉陶器 …………………………………… 81

汉代陶塑 …………………………………………… 83

汉代墓葬陶器 ……………………………………… 84

第二节　魏晋南北朝陶器 ……………………………… 86

魏晋后期陶制明器 ………………………………… 86

北朝陶俑 …………………………………………… 87

北魏陶器 …………………………………………… 88

第四章　隋唐与宋元明清陶器

第一节　隋唐陶器 ……………………………………… 90

隋代陶器 …………………………………………… 90

陶瓷巅峰作品：唐三彩 …………………………… 90

唐三彩的主要分类和代表作品 …………………… 97

第二节　宋元明清的陶器 ……………………………… 102

宋元明清陶器概况 ………………………………… 102

宋、辽、金三彩陶器 ……………………………… 105

明清陶器——紫砂壶 ……………………………… 108

第三节　近现代紫砂工艺 ……………………………… 113

紫砂的材料 ………………………………………… 113

紫砂器的制作工艺 ………………………………… 114

紫砂壶的类型 ……………………………………… 115

紫砂泥的种类 ……………………………………… 116

紫砂壶与茶文化 …………………………………… 118

紫砂工艺的传承及历代名家 ……………………… 119

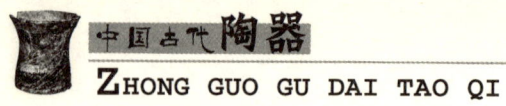

第五章　陶器的器型

第一节　炊器 …… 122
鬲 …… 122
鼎 …… 122
甗 …… 123
釜 …… 123

第二节　饮食器 …… 123
豆 …… 123
斝 …… 124
鬹 …… 124
盂 …… 124
爵 …… 124
盆 …… 125
碗 …… 125
钵 …… 125
皿 …… 125
壶 …… 125

第三节　贮盛器 …… 126
罐 …… 126
樽 …… 127
簋 …… 127
簠 …… 127
豆 …… 127
瓮 …… 128
瓶 …… 128
瓿 …… 128
瓷 …… 128

盂 129

罍 129

罂 129

第四节　日用陈设器 129

唾壶 129

水注 129

砚 130

熏炉 130

陶油灯 130

扑满 130

陶枕 131

封泥 131

第五节　建筑器材以及其他陶器 132

瓦及瓦当 132

砖 136

空心砖 142

制陶、纺织与渔猎工具 144

铸造青铜器的范模 145

铸造铁器的范模 146

坩埚与炉具 147

陶井圈（井甃） 147

古代的给水和排水管道 148

第六章　陶器纹饰

第一节　神秘莫测的动物纹饰 152

蛙纹 152

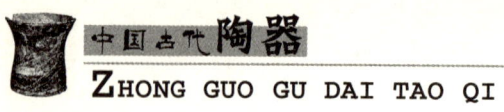

鱼纹 ……………………………………………… 152

人面纹 …………………………………………… 153

鸟纹 ……………………………………………… 153

猪纹 ……………………………………………… 154

夔龙纹 …………………………………………… 154

夔凤纹 …………………………………………… 154

饕餮纹 …………………………………………… 155

第二节　其他典型陶器纹饰 …………………………… 155

绳纹 ……………………………………………… 155

篮纹 ……………………………………………… 155

弦纹 ……………………………………………… 156

篦纹 ……………………………………………… 157

暗纹 ……………………………………………… 157

划纹 ……………………………………………… 157

刻纹 ……………………………………………… 158

雷纹 ……………………………………………… 158

回纹 ……………………………………………… 158

印纹 ……………………………………………… 159

瓦纹 ……………………………………………… 159

涡纹 ……………………………………………… 160

堆纹 ……………………………………………… 160

第七章　中国古代陶器鉴赏

第一节　主流陶器鉴赏 …………………………… 162

彩陶鉴赏 ………………………………………… 162

釉陶鉴赏 ··· 163
　　白陶鉴赏 ··· 164
　　黑陶鉴赏 ··· 166
　　灰陶鉴赏 ··· 168

　第二节　另类陶器鉴赏 ······································ 171
　　印纹硬陶鉴赏 ··· 171
　　蛋壳陶鉴赏 ·· 174
　　特型陶器鉴赏 ··· 175
　　连体陶器鉴赏 ··· 177

参考书目 ··· 179

第一章

中华瑰宝——陶器

陶器是人类第一次使用天然物质，以自己的意志为先，创造出来的一种全新的东西。人们把黏土加水混合，制成各种形状的器皿，干燥后用火焙烧，发生质的变化，形成陶器。它揭开了人类利用自然、改造自然的新篇章，具有极其重大的划时代意义。陶器的出现，标志着新石器时代的开端。是人类文明发展的重要标志。

第一节
认识陶器

陶器的起源

人们普遍认为,人类进入新石器时代后,尤其是定居生活催生了陶器的出现。我国目前发现的最早的陶器残片出土于南方山区的一些洞穴居住遗址中,据碳-14测定,其年代距今约9000—10000年左右。

陶器的发明足以证明人们已经能够熟练使用火,那些被火焙烧的土地或者黏土因落入火堆而变得坚硬定型,可能促使原始先民有意识地用泥土制作他们需要的器物。所以,我们可以说制陶完全可能由不同地区的原始先民各自在生产、生活实践中发现、发明,而未必需要其他地方人群的传授与教导。我国黄河流域新石器时代早期的裴李岗文化与磁山文化的陶器和长江下游新石器时代早期的河姆渡文化的陶器,不论形制、器类、工艺与装饰都不一样,显而易见都是各自独立产生的。

原始人类最先可能采用的制陶技术,一般有捏塑法与贴敷法等。过去比较流行的说法是原始人类用涂抹泥土的竹、木枝条筐篮汲水,由此受到启发,发明了在筐篮上敷贴泥土烧制陶器。这种说法虽然精彩,但大多数学者对此

原始陶罐

表示怀疑。他们认为，如果用这种方法烧制筐篮那样大小的陶器，结果只能得到一堆瓦砾。因此，人类制陶术的开端极有可能是烧制用手捏塑的小物品，即便烧造条件简陋，也可成形。在多次烧制成功的鼓舞下，先民开始思考黏土原料的选择与加工、成型方法改善、烧成条件，而后发展至专为焙烧陶坯的陶窑等等，后而能烧制出器型比较大的陶器。

自 20 世纪 70 年代以来，我国境内屡现早期制陶遗迹。通过对这些新石器时代早、中期陶器残片的观察，发现了它们有泥片粘合的层理和陶片层理剥落的现象，这种现象首次被认定是浙江省余姚河姆渡遗址的四层，即河姆渡文化一期的陶片。后在多处遗迹中被发现如湖南省石门县皂市镇遗址下层、大地湾遗址一期、河南密县莪沟裴李岗文化的陶片，以及更早的江西万年仙人洞、桂林甑皮岩等。这些遗址的年代都早于仰韶、红山、大溪、大汶口、河姆渡二期诸文化的年代，具有比泥条盘筑法更早、更原始的制陶术成型方法，文物考古工作者称之为"贴敷模制法"或"泥片贴筑法"。

所谓泥条盘筑法，是将拌制好的黏土搓成泥条，从器底起盘旋而上将泥条盘筑成器壁直至器口，再用泥浆胶合成全器，最后抹平器壁盘筑时留下的沟缝；或进一步一手在器内持陶垫或卵石顶住器壁，一手在器外持陶拍拍打，使器壁均匀结实，而后入窑烧制。如若陶拍上刻印有花纹，器表则形成一种装饰花纹（即所谓"印纹"）。筐篮编织成器的方法，很可能是先民使用泥条盘筑法制成大型容器陶坯的启发，但这是较晚的新石器时代中期才出现和普及的了。

轮制成型，是在盘筑法的基础上产生的一种新制陶技术，它借助于称为"陶车"的这种机械对陶坯进行简单的修整。在我国古文献中，陶车亦被称为陶钧，它是一个圆形的工作台，台面下的中心处有圆窝置于轴上，可围绕车轴作平面圆周运动。将陶坯置于工作台面的中心，推动台面旋转，便可用手或借助工具对器型进行整修。最原始的陶车可能在新石器时代中期就出现，考古学家在相当于这一时代的遗址中发现有经过慢轮修整的

原始时期的陶瓷碎片

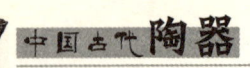

陶器。虽然至今仍未发现新石器时代的陶车遗物，但我国各地新石器时代中、晚期各文化遗址中，确已出现轮制的陶器，例如山东龙山文化出土的蛋壳黑陶，其胎体之薄与器型之规整，只有轮制工法才有可能产生。据山东省博物馆复原仿制验证，这种蛋壳黑陶极有可能在车制成型时使用了有支架的削刀，在烧成时使用了类似匣钵装置这样更为先进、细腻的工具。

轮制陶器是制陶术的飞跃，它所使用的简单机械陶车可以看成是现代机器车床的发端，它的出现提高了生产力，可能促使了作坊与社会分工的发生。这种技艺的熟练使用，显然要经过长时间的磨练。

在工艺上也意味着制备原料即坯泥的巨大的进步。因为轮制陶器要求坯泥的品质要均匀、细腻，并且有相当的湿强度，如此，才能在陶车的惯性旋转中利用坯泥的离心力，使器壁较薄、器型较规整。

上述几种制陶术的出现虽有先后，但它们只是反映了制陶技艺的丰富与完善，并不意味着对先前制陶术的完全扬弃，许多古老的制陶手法仍为后代长期沿用。即便在现代，制陶业已具备了非常完善的机器制作的技术条件，但仍有许多艺术陶器（如紫砂茶具等）使用手工制陶的传统方法。

知识链接

陶器的收藏与保养

收藏室内温度不稳定或温差过大容易损坏陶器，室内的温度要保持在17℃~25℃左右。

收藏室的相对湿度以50%~60%为宜，变化不超过5%~6%，过于干燥和潮湿都不利于陶器收藏。

要防止和减少强光对陶器的照射。强烈的紫外线容易造成陶器表面颜色变化，釉层脱落。收藏室的窗子最好挂上不透光窗帘或装上有色玻璃。

古陶

最好将陶器放在柜中或框架上面,过量的灰尘能对陶器造成一定的损害,会使器物表面变色。对陶器应定期除尘。陶器容易破碎,其耳部、把部、口部等部件较脆弱,更容易断裂。不宜经常用手直接挤压这些易碎部位。搬动陶器时应用双手,要轻拿轻放,避免碰撞或磨擦。

陶器与瓷器

陶器与瓷器的区别主要在于,陶器是用陶土为原料,而瓷器是用瓷土为原料的,它们有着不同的化学物质成分和结构,从而影响着它们的性能。陶器一般是在1000℃以下的温度中烧造的,至多达到1100℃左右;而瓷器则是经过1200℃以上的高温烧成的,陶器的原料不能耐受瓷器所能经受的1200℃以上的高温,否则就会融化而烧流或变形而烧坏,瓷器原料则不怕高温烧炼,不经此高温则不能烧结成瓷器,这是由于它们各自的化学成分不同而造成的,即所谓内因决定的。在物理性质上看,瓷器胎质洁白、致密,更加坚硬,强度也更好,陶器密度较小,除白陶外,一般陶胎不呈白色,陶器不透光,有一定的吸水性,瓷器则不吸水,有一定的透光性,即半透明,而且能敲击出清脆如金属般的响声。除了釉陶,陶器一般不上

瓷器

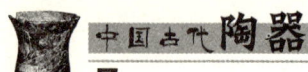

釉，而瓷器一般都有薄而匀的釉，釉陶的釉是低温釉，而瓷器的釉是高温釉，这也是由釉质化学成分决定的。

但是，瓷器与陶器的基本工艺是一样的，瓷器是在陶器工艺发展的基础之上而发明的，所以，陶器和瓷器有着十分密切的关系，可以说，没有陶器，就没有瓷器。瓷器发明以后，陶器与瓷器的发展也是相互影响、相互促进的，在瓷器普遍使用以后，陶器并不被瓷器所取代，它依然占有着自己的地位，仍然保持着自己的优势，在提高的工艺或特殊的工艺下，陶器发展也大放异彩，不断创造出灿烂辉煌的陶艺新品。

早期陶器的发现

1. 江西万年仙人洞和吊桶环遗址

仙人洞遗址位于万年大源盆地的小河山山脚，在距县城东北方向15公里处。吊桶环遗址在仙人洞西南约800米处，是一处高出盆地约60米的溶蚀性

仙人洞遗址

岩棚，这个岩棚形状像似一个"吊桶环"，因此得名。

1962 至 1964 年间，江西省文物管理委员会、江西博物馆、中国科学院古脊椎动物与人类研究所前后三次对仙人洞遗址进行小规模发掘。

1993 年和 1995 年，我国著名考古学家严文明为中方领队，美国前总统布什的文化财产委员会成员、美国科学院院士、著名考古学家马尼士博士作为美方领队，联合北京大学考古系、江西省考古研究所、万年县博物馆和美国安德沃考古研究基金会，组成一支中美农业考古队，对仙人洞和吊桶环进行采样发掘。

这两次出土的人工遗物非常丰富，在华南诸洞出土物为数最多，据初步统计，有石器 474 件（片）、骨器 248 件、穿孔蚌器 19 件、原始陶片 297 件、人骨标本 20 多块（片）以及数以万计的兽骨残片重现人间。

其中挖掘出的原始陶片，夹粗砂，胎厚，陶胎多用泥片分块贴拍，有的近底部采用泥条盘筑法成型。其器型主要是直口筒腹圜底罐形器，器表多为错乱或迭压的粗绳纹和条纹，也发现有用草搓擦的错乱条纹，有的内壁饰有横向纹饰。这些陶片最早的年代可能在距今 1.2 万年左右，是目前我国发现的最早陶片之一。

2. 湖南道县玉蟾岩遗址

玉蟾岩遗址位于湖南省道县西北 20 公里的寿雁镇，是一处文化性质单纯、文化内涵丰富的新石器时代洞穴遗址。

该遗址首次发掘在 1993 年，1995 年第二次发掘。遗址文化堆积厚 1.2～1.8 米，出土遗物主要为打制石器和骨、角、牙、蚌制品及大量动物遗骸，呈现出由旧石器文化向新石器文化过渡的面貌，时代约距今 1 万年前。遗址出土的陶片，被测定为与江西万年仙人洞等遗址出土陶器年代相近，均为中国已知最早的陶制品。

3. 广东英德的牛栏洞遗址

牛栏洞遗址位于英德市云岭镇东 2 公里处的狮石山南麓。狮石山是一座石灰岩孤峰，相对高度约 100 米，周围是石灰岩地区的蚀余丘陵山地。一条宽约 25 米的古河道经过，狮石山下南侧在东南 2 公里处注入北江。牛栏洞内主要为廊道型发育，在较深处洞顶有落水洞，因而使局部呈裂隙

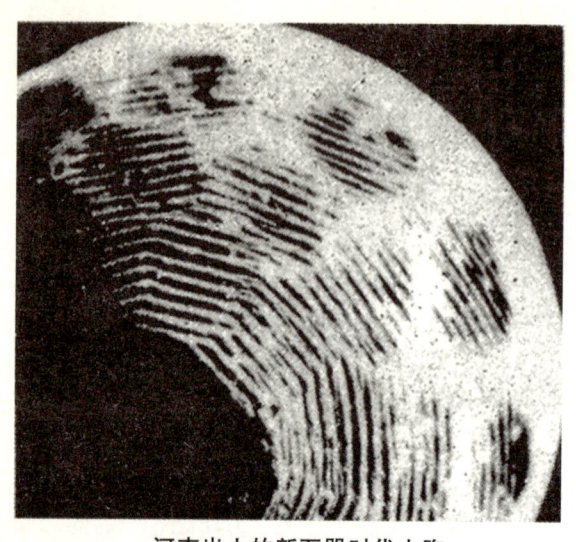

河南出土的新石器时代土陶

型发育。全洞平面呈曲尺状，分为前、中、后洞。原始洞口在东端，宽约2.5米，距山下地表约11米。原始洞口至中洞最深处也约为25米，中洞至后洞最深处约25米，洞高5～15米不等。整个遗址总面积约400平方米。

洞内的文化堆积分为三种：第一种堆积是早期被流水冲刷淘空形成，贴在洞壁高部位；第二种堆积附着在洞壁上，并向下伸延一直到今天的地表或地表以下；第三种堆积是地面上的堆积。前两种堆积反在洞内局部位置存在，面积较小，第三种堆积则在洞内及洞口附近处普遍存在，厚薄不均。堆积层中含有炭屑、烧土及大量的螺壳、蚌壳、打制石器、动物化石和若干人类化石。大量的出土文物证明这是一处古人类长期活动、居住的遗址。经碳-14断代，该遗址的年代约距今8千年至1.2万年，考古年代为旧石器时代晚期至新石器时代早期（即中石器时期）。

4. 广西桂林甑皮岩遗址

甑皮岩位于桂林市象山区甑皮岩路独山西南麓（桂阳公路9公里处）。主洞高8米，宽13米，深22米，洞内面积约200平方米。1973年试掘，发现35具先民遗骸，多为蹲葬，次为捡骨葬，个别是侧身屈肢葬，属南方蒙古人种。出土有陆栖与水生动物40余种，其中脊椎动物遗骨有5目12科25种，代表动物有梅花鹿、小鹿、赤鹿、苏门羚、猪、水牛、椰子猫、食蟹獴、小灵猫、獾、竹鼠、板齿鼠、猕猴和亚洲象等；淡月瓣鳃类有11属23种，其中1新属7新种，有新属鹿种"秀丽漓江鹿"和楔蚌属新种"甑皮岩楔蚌"等，均属热带、亚热带动物群。当时已有原始驯养猪。出土石器63件，其中打制石器31件，有砍砸器、盘状器、刮削器、砧等；磨制石器32件，有斧、锛等。陶器以陶罐为主，其他有钵、瓮、三足器等，出土陶片1000余件，均为夹砂粗陶，火候偏低，多为棕红色，次为灰色，纹饰以绳纹、篮纹为大宗，部分为刻画几何纹图案。经碳-14多次测定，该遗址距今7500—9000年以上，为新石器时代早期先民的居住遗址。

2001年4~8月，中国社会科学院考古研究所、广西壮族自治区文物队、桂林甑皮岩遗址博物馆及桂林市文物队联合对广西桂林甑皮岩洞穴遗址进行了自1973年以来的第二次发掘，出土了大量陶片。

三足器

而在它最早一期距今1.2万年左右的文化层中出土了更早期的黏土制品，经过热释光方法的测定，可以确定它未经过250℃以上温度的烧制。应该属于陶器形成过程中的阶段产物，也可以称之为陶器的雏形。

5. 河北阳原于家沟遗址

于家沟位于河北西北部阳原县泥河湾盆地虎头梁遗址群中，下部细石器文化阶段的堆积分上中下三层，其中上层与中层都出土了一些小块的夹砂黑褐陶片和夹砂黄褐陶片，有的夹杂云母片、蚌屑或石英粒等，器型难辨，胎质粗糙，表面不平，有的保留捏压刮抹痕迹。陶胎较厚，烧成温度不高，质地比较疏松，容易破碎。器壁多有烟炱，表面有细绳纹或植物叶茎的压痕。最大的一件胎厚1~1.2厘米，从断面看胎体口心黑两侧黄，故表面呈灰褐色。

知识链接

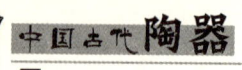

美丽的陶器传说

陶器与人类生活息息相关。越是古老的时代，人们对它的依赖性也越强。陶器的发明年代久远神秘，其起源的真实历史早已被时间遗忘却因此引发了人类的诸多猜想。在上古时代，便产生了许多关于陶器发明的神话传说，一直流传到古代，其中有的被古代文献据实记载下来，也有的被古人加以附会。人们耳熟能详的传说，有"神农耕而作陶"或"神农作瓦器"、"舜陶于河滨"、"宁封子为黄帝陶正"等，另外，"女娲抟土造人"也可看作是制陶的传说。

神农氏，是中国古史传说中的著名神话人物。他是农神和医药神，同时也是一位陶神。传说他教民播种，又教民作陶，还尝百草治病于民。这在《周书》中有所记载。《周书》是一部极其古老的文献，记载着周代的历史，但它早已失散，我们只能从后期别的文献所引用的《周书》中，知道一点它的内容。从而猜想周代以前的传说历史。

舜，亦是古史传说中的神话人物，是上古五帝之一。他"耕于历山，渔雷泽，陶河滨，作什器于寿丘，就时于负夏"。这则记载见于《史记》。还有类似的文字见于先秦诸子的文献中。亦有《考工记》中载"有虞氏上陶"。据研究，舜属于原始社会末期的部族首领，故绝不可能是发明陶器的人。但因为舜在古人心目中有很高的威望，所以人们极为赞美他的功德，把发明陶器的功劳归于舜。从前的陶工一般都供奉舜为窑神。

宁封，是道教中的一位神话人物，位列仙班。传说他是黄帝时期的人，曾于黄帝手下为官，主管制陶。后来宁封积火自焚，随烟气上升成仙。四川青城山的执意神仙便是宁封，青城山地区也有类似的传说和记载。在《吕氏春秋》中有"黄帝有陶正昆吾作陶"的说法。

女娲抟土造人的传说，并没有说到烧制，因而与陶器的发明还有一点距离，但是多少也有些关联，而且这个传说反映的历史代表了较早的年代。

以上这些传说，都没有涉及发明陶器的具体事情，并且多为古代人们对远古历史的一些追忆和附会。如此看来，陶器的历史之古老久远，亦是古代人类就早已追溯不清的，于是便联想把作陶的始祖归附于神话传说中的神或圣人身上，以表示人们对制陶历史的好奇及对制陶第一人的敬仰和感激之情。

第二节 精益求精的陶器工艺

制陶的基础——原料

制陶的原料可以分为：陶土、瓷土以及羼和料。

1. 陶土

它是指适合做陶器的黏土。自然界的土壤是由岩石风化成碎屑，再经过自然力和生物的作用，逐渐演变而成的。各种土壤的化学组成会有很大差异，在不同环境条件作用下，也会对化学成分有一定的改变，并呈现出不同的物理性质。适宜作陶器的土壤，最好的是河流沉积土，较多使用的是次生黄土，还有黑土等，必须是低钙质的，可以是高铁质易熔土、镁质易熔土、高铝质土等。要做出好的陶器，应根据不同的需要选料、配料，陶土要经过淘洗、沤练，必要时须加入一定的羼和料。

古老的制陶工艺传承

2. 瓷土

它是指适合做瓷器的黏土，一般是高岭土。瓷土是低铁质的高铝质土，能耐较高温度的烧制，瓷土多呈白色。用瓷土制作的陶器，常成为白陶，因火候达不到瓷器的烧成温度，所以仍然还是陶器，即外因条件不具备，瓷土也烧不成瓷器。我国先民很早就认识了瓷土，用来制造出了白陶，早期的白陶，大约在五六千年前的新石器时代中期就已经出现，殷墟的白陶达到了精湛的工艺，唐三彩也常以瓷土作胎而呈白色。

3. 羼和料

它是指掺入陶土泥料中的物质。一般最常见的有砂粒，可分为大小不等的细砂和粗砂，多为石英质，有时也有别的物质的砂粒。有的细砂极为细匀，或掺入极少，几乎不易分辨，而有的粗砂颗粒极为粗大。这些砂粒，有的是天然砂子，有的则是人为加工成的。考古学上把有羼和料的陶器，称为夹砂或加砂陶质，而纯净的不加羼和料的陶器，称为泥质陶。羼和料在陶器中可以降低黏性，更主要的功能是增加陶器的耐热性和耐急变性，在加工过程中和使用过程中都有许多优点。从考古发现来看，作羼和料的，也有蚌壳末、云母片末、碳粒屑、草壳、谷壳，还见有使用碎陶片末的，等等。

制陶的技巧——制法

陶器的成型有许多方法，这是一个不断沿变和发展的过程。根据考古研究，目前已知的制陶方法有：（1）捏制；（2）泥片贴筑法手制；（3）泥条盘筑法手制；（4）轮制；（5）模制；（6）雕塑法手制等。也许还有其他的古代制陶方法，只是尚未考证出来，有待今后的发现。

瓢形陶器

1. 捏制

捏制是最初的制陶方法，也是最简便最容易的方法。它采用手制，用手把泥坯捏制成形。捏制这种方法在小型陶塑中经常使用，目前捏制的器皿比较少见，往往是粗糙的、不规整的。在其他进步方法大量使用的情况下，捏制也偶尔采用，只是用于不需要太讲究的陶器上，尤其是陶塑。晚期的陶塑如果仅仅只是捏制，而没有采用雕塑方法，可以反映出此件制品制作的草率、随便，甚至可能缺乏工艺价值。

2. 泥片贴筑法

泥片贴筑法也是一种较早使用的手制方法。用捏制的黏湿的泥片，在一个类似内模的物体外面，一块一块敷贴成陶器整体，一般是从下往上敷贴，至少以两层薄片贴合起来，有的多达数层。有学者干脆认为它是一种模制法，但其

古代制陶工艺流程图

实际上同模制方法还是有明显区别的。所谓的内模，其实并非模子，而是一种陶垫。

此时期的陶器在外表加工上，使用了陶拍和抹子，这已是初步成熟的方法，因而并不是最原始的。从考古出土的陶器上观察，可以见到陶器上时有片块状剥落现象，在陶片上可看出成层挤压现象。这种方法成型的陶器，常显厚重，形状不太规则，口沿也不显整齐。据考古的发现和研究表明，在我国距今七八千年以前的新石器时代早期文化中，普遍都是采用这种泥片贴筑的制陶术制陶的。这种制陶方法的发现和确认，也只是在二十世纪七八十年代以来，大批早期新石器时代文化遗存被认识和发掘出土之后，才被考古学家考证的。泥片贴筑法大约在距今六七千年左右的时候，逐渐为新起的泥条盘筑法所取代。

3. 泥条盘筑法

泥条盘筑法出现在泥片贴筑法之后，是一种较为进步的陶器手制方法。它也较广泛持久使用的制陶术之一。此法是将泥料做成泥条，然后从下至上盘绕成型，再用陶垫、陶拍、陶抹等工具抵压、抹拭、仔细加工。泥条可以

古代制陶场景再现

从底一直盘绕到口沿，成型较好，制作也较便利，因此被广泛使用，逐渐替代了以前的方法。中国新石器时代早期之末，已开始了泥条盘筑法制陶，中期以后此法的运用已极为普遍。我国新石器时代出土的陶器中，绝大多数都是采用泥条盘筑法制成的。泥条盘筑法制陶术和新石器时代的鼎盛有着密不可分的关系。

与泥条盘筑法同时期或稍后，已出现慢轮，它用于陶器成型后的修整和修饰，对陶器型制的规整与美观性的改善，起了很好的作用，而且为快轮的产生奠定了基础，慢轮还为彩陶的轮绘技术提供了条件。考古发现证明，许多发达的新石器时代文化，都几乎是泥条盘筑法与慢轮修整相结合，制造出大量较精致的陶器。进入铜器时代以后，泥条盘筑法和慢轮逐步为轮制法取代，但现代某些边远少数民族中，还保留着类似的制陶工艺。泥条盘筑法陶器的内侧，常能观察到泥条盘绕的余痕。

4. 轮制

轮制是脱离了手制的一种半机械化的制陶术。该技术以转轮为工具，通过转轮的快慢旋转，拉坯成型，已是一种较为先进的制陶工艺。所谓轮制，必须是快轮。慢轮只能做修整，不能达到成型的目的，但慢轮是快轮的前奏。考古发现和研究得知，仰韶文化晚期、大汶口文化晚期、大溪文化晚期等文化阶段，已出现快轮制作的陶器，但新石器时代晚期的龙山时期，轮制陶器才逐渐多起来，其普遍推广则是进入青铜器时代以后。历史时期的陶器均以轮制为主，直至今日依然采用。轮制陶器十分规整，厚薄均匀，而且可以制成极薄的器型，也普遍加快了生产效率，促进了陶器的商品化转变，同时对于陶器生产制作的技术要求也明显提高了。从经济学的角度看，轮制技术意味着生产力的进步，它为后来社会的变革和发展，起了一定的促进作用。

轮制陶器与手制陶器在形表上有较明显的不同，比较容易区分。快轮旋转时陶器上常可留下一些旋痕，它和慢轮修整有时产生的旋痕很容易分辨，前者可见于通体各部位，后者仅限于口沿等局部，前者旋痕的机械强度较明显，后者就没有这种感觉。

5. 模制

模制是一种将泥料在预先设计好的模子上制坯成型的制陶方法。有人推

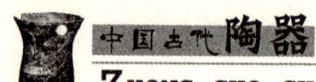

测，最早的陶器就是模制的，但是现在还没得到证实。即便如此，把泥片贴筑法归类于模制那也是很勉强的。在轮制技术普及以前，可能有些结构较为复杂的器型，其局部采用了模制方法，然后再手制结合成型。进入铁器时代以后，特别是秦汉以来，模制方法的使用较为广泛，主要是用于砖瓦之类和一些陶俑的制作上，有些模型明器可能也有模制的，而一般器皿类则较少采用模制。模制法可以复制出很多相同规格形式的陶器，有利于批量生产，大大提高了生产效率。模制陶器带有很明显的使用模范的痕迹，能够很容易地和其他制法的陶器相区分。

6. 雕塑法

雕塑法也是一种手制的制陶方法，但其中蕴含了艺术创作的成分，古代的陶塑之类，除了少数模制和一部分捏制外，大多是用雕塑方法成型的。捏制也是初级的、简单的雕塑形式，在原始陶塑中较多使用。这里所说的雕塑法，是一种比捏制要进步和完备的美术方法，它使用了雕塑工具，运用一些艺术表现手法，如塑、雕、刻、贴等，使陶塑具有更强的表现力和艺术价值。历代陶俑、陶模型明器，一些原始陶塑和某些器皿上的陶塑装饰等，都广泛使用了雕塑艺术，有些器皿的造型上，也兼用了雕塑方法。雕塑还在陶器的装饰艺术中经常运用，起到了非常好的效果。雕塑方法是与人类的造型艺术同时发生的，但制陶的雕塑成型方法，可以说是与陶器同时发生的。但若挑剔一点说，应该是新石器时代文化进入发达时期，才逐渐开始发挥到陶器上面的。已经发现的使用雕塑手法的新石器时代陶器并不算丰富，大量的雕塑法陶器的发现主要是在其后的历史时期。

知识链接

古陶器的作伪手段

陶器制作的历史很长，但是技法相对来说比较简单。近年来由于古陶器的价值日见上涨，所以作伪的东西也越来越多。在古陶器鉴定工作中，除了要了解相关的专业知识、懂得一定的鉴定方法外，还要对市场上古陶器的作伪情况有一定的了解。在此提供几种目前比较普遍的作伪手段，以供参考。

（1）以真品做出模来，制成后再在其上做土锈效果。作伪者一般选用出土的珍品，用与原器皿同样胎质的泥土制造出伪品，烧成之后只作一些简单的修整便埋入土里，使其生出土锈。

（2）按照文字记载资料中描述的尺寸和纹样，直接进行仿制。

（3）修补残器再入窑复烧并进行作旧处理。

不管何种作伪方法，都需要生成土锈。作伪者一般是把伪造好的东西直接埋入土中，让它自然生锈。但是为了追求速度，作伪者们还有两种加速土锈生长的办法：一是把硫酸钾与泥土合成后涂在陶器的表面，然后把伪品埋入土中，这种方法生锈的速度非常快，但只需用开水冲之，腥臊臭气即会散发出来，真假立刻见分晓。二是把伪品表面刷一层稀薄的龙须菜煮成的汁，用古墓中挖出来的土撒在上面，如此反复几次，便与墓中挖出来的陶器基本相似，而且难以辨认。

陶器的美化——修饰

陶器成型后，须加以修饰。手制的陶器坯胎还不够严实，先民们于是用陶拍在表面均匀地作些拍打，为了拍打均匀而不至于一部分漏掉了一部分重复了，便在陶拍上做一定纹样，使拍打过的陶器表面留下印迹，这样，印迹不仅是一种记号，还成了陶器上的一种装饰，这就是陶器纹饰的由来。陶器的纹饰，既是装饰美化，也有修整和表面处理陶器的作用，有的纹饰实际还起到加固和耐热的作用。陶器纹饰的出现很早，据已有的考古发现，我国出土的一些早到一万年以前的陶片上，就见有纹饰。

陶器的修饰还不单表现在纹饰上，其他还有诸如打抹磨光、加施陶衣、

中国古代陶器
ZHONG GUO GU DAI TAO QI

陶器

施釉等方式。经过磨光的陶器表面，不仅光滑，还常呈现光亮的效果，也起到美观的装饰作用，在打抹磨光的过程中，实际使坯胎紧缩、严实，质地致密。新石器时代中晚期许多陶器，既磨光，又施以纹饰，效果尤佳。

所谓陶衣，也可以说是一种彩，只是通体一色，没有图案而已，故又叫色衣。它是用一种能呈色的陶土原料，做成泥浆后，施于陶器坯体表面，与陶器一同烧成。陶衣有时和陶胎的颜色一致或类同，多数时候是不同的。陶衣有各种颜色，主要有红、橙、黄、棕、白等颜色。陶衣可以保护和改善陶器表面质量，尤其使器表光洁美观，陶衣衬底，再施彩绘，能使彩陶的艺术效果充分发挥和展现，因而被普遍采用。陶衣主要盛行于新石器时代，在发达的各新石器时代文化中广为流行，而且随着彩陶文化延续到青铜时代等文化中，便逐渐不再使用陶衣。陶衣和彩陶一样，是烧成的，一般不易脱落。

施釉的陶器是在汉代之后大量出现的，人们称为釉陶。陶器上使用的是低温釉，也就是铅釉，是一种玻璃质的透明而有光泽的硅酸盐物质，不仅保护陶胎不受侵蚀，而且十分鲜艳美观，富于装饰性。上釉的陶器自汉以后，历代都有，常见为绿釉和褐釉。唐有唐三彩，宋、辽、金、元各朝均有三彩，北魏始有琉璃砖瓦，尤以明清为盛，这些均是陶器施釉的代表作品。

陶器的诞生地——陶窑

陶窑是制陶过程中烧制阶段的工艺条件。烧制是制陶工艺中决定陶器成功与否的一道关键工序,技术要求是很高很讲究的。

比较原始简陋的烧制方法,不用陶窑,叫做地面堆烧。起初是将陶器坯件放置在地面上,露天架上柴草焙烧,这样不可能达到较高的温度,而且接触大量空气,升温不足,控制不住火焰环境,因此不能烧出像样的陶器。稍许进步一点的方法,是在此基础上加以封盖,造成一个较为封闭的环境,空气接触有所控制,

发掘出的古代陶窑

内部温度有可能得以提高,但仍然是地面堆烧,方法比较简单,对火焰的影响也不明显,因而烧出的陶器质量不会太好。最早期的原始陶器大概都是地面堆烧的,火候比较低。

封闭环境升温可以较快,但不能持久,露天环境可以不断加燃料,但升温慢,温度上不去。陶窑就兼顾了两种优点,将窑室的封闭环境与火膛的燃烧环境分开,而又有机相联,从而可以达到一定的温度。陶窑的出现,可算是陶器发展上的一次跃进,使陶器质量显著改善,制陶工艺走上了正轨。

陶器的外衣——陶色

陶色即陶器呈现的颜色。在古代陶器中,比较常见的陶色,有红、黄、灰、黑、白、褐等几种,习惯上分别称为:红陶、黄陶、灰陶、黑陶、白陶、

褐陶。实际陶色是较复杂的，往往在同一颜色中，呈现深浅的不同差异，还有些呈现过渡性的间色，如橙黄陶、灰黄陶、红褐陶、灰褐陶、灰黑陶等，也有些陶色表现出不匀或变化的色调。在许多时候，因人而异，人们对陶色的感觉和对陶色的描述，常常还存在着一定的误差。在某种情况下，陶器文物因埋藏环境或其他原因，也有可能发生陶色的变异。总之，古代陶器的颜色是千差万别、富于变化的，对陶色的确认也往往是相对的。然而，陶器基本色调，一般来说具有一定的规律性。

知识链接

窑炉与烧成气氛

田野考古中已发现的新石器时代窑炉遗址，按其结构可分两类：一类为竖穴窑，一类为横穴窑。这两类窑都是升焰窑，其不同之处在于：竖穴窑焙烧陶器的窑室直接坐于火膛之上；横穴窑一般有较长的火膛，火膛的一部分也可称之为火道，焙烧陶坯的窑室则置于火膛末端之上。估计在出现这两种陶窑之前，还应有一种更为原始的烧陶方法，类似我国云南傣族地区至今仍有使用的无固定窑址的平地堆烧法。已发现的新石器时代早、中期陶片，经测定，有的烧成温度并不高，例如广西桂林甑皮岩出土陶片的烧成温度为680℃；四川巫山大溪文化已测定烧成温度的四件标本，最高的为830℃，最低的只有750℃；湖北宜都红花套下层（大溪文化）的红陶烧成温度为600℃～700℃，其中有一些可能就是用无固定窑址的平地堆烧法烧成的。

至迟在商代晚期，在我国江南地区已出现了后代所称的龙窑，例如江西吴城第六次发掘中就发现一座残龙窑，窑址出土有吴城二期文化的原始瓷与硬陶片。

大气各种成分的含量一般是稳定的，但在陶窑内点火燃烧后，在窑炉内部形成一个与外界不同的空气部分，一般称为气氛。窑炉燃烧实际是一个高强氧化过程，进入窑炉空气中的氧，因氧化木柴中的碳而消耗，碳经强烈氧化后就成了灰烬。若通风不畅、供氧不足，窑炉中就会有较多的一氧化碳产生；若供氧充足，木柴燃烧时就会有剩余游离氧存在。现代陶瓷工艺学通常把游离氧小于1%、一氧化碳含量在2%~4%的窑炉气氛称为"还原气氛"，游离氧含量为1%~1.5%时称"中性气氛"，游离氧含量4%以上称"氧化气氛"，而达到8%~10%时则称之为"强氧化气氛"。在不同的气氛中，陶坯中所含的铁有不同的呈色，在氧化气氛中呈铁锈黄或红色，因陶土中氧化铁含量多少而有深浅不同的呈色；在还原气氛中则呈灰黑色，

龙窑

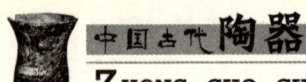

如同煅铁时锤下碎屑（一氧化铁）的颜色。在还原气氛中，陶土里的氧化铁以一价铁形态存在，一价铁有较强的助溶作用。新石器时代的先民们在实践中似乎已获得某种对窑炉气氛的认识，一般来说，新石器时代早、中期的陶器多为红陶，晚期迄于商周，多为灰陶。在这一期间又出现了烧结度高的硬陶与原始瓷，而原始瓷的着釉又导致了汉代以氧化铅作熔剂的低温铅釉的出现。

第二章

先秦时期陶器

　　陶器的发明是先秦时期手工业中最重要的一项成就。中国人民至少在1万年以前就已掌握了制作陶器的技术,并已懂得在做炊器时要加进砂粒,以防烧裂。陶器的发明,在制造技术上是一个重大的突破。用泥土烧制的陶器,既改变了物体的性质,又塑造出便于使用的外形。它使人们在处理食物时,除了烧烤之外,又增加了蒸煮的方法。随着长期的生活实践中的不断总结,陶器在制作技术,造型装饰方面不断改进提高,出现了一批批精美的生活用品与艺术品。陶器是新石器时代先民制造的物品中数量最多的一种,也是这一时期工艺技术水平的代表性器物。

第一节
原始陶器

新石器时代早期陶器

1975—1977年，我国河北武安县磁山和河南新郑县裴李岗相继发现了新石器时代早期遗存，经科学发掘，出土了较为原始的新石器时代陶器。根据遗存的文化特征，这两大遗址被命名为磁山文化和裴李岗文化或磁山—裴李岗文化。同时代或同一类型的文化遗存，在陕西、甘肃和山东等省也有发现，这说明新石器时代早期居民在黄河流域的分布十分广泛。据碳－14测定，这些遗址的年代约为公元前6000—前5000年，是我国目前为止黄河流域已发现的新石器时代遗址中年代较早的文化遗存。

这类文化遗址出土的陶器有以下一些特点：陶泥未经细致淘洗，陶片断面还发现有泥片贴敷的层理结构；胎质粗糙，手制；胎壁厚薄不匀，烧制火候较低，一般在700℃～900℃之间，易破碎；陶色多呈红色或橙红色；陶器表面以素面为多，或有少量绳纹、篦纹、指甲纹与划纹等。这时期的陶器器类少，形制比较单一，常见的陶器中，以砂质的深腹罐、泥质的小口壶、圜底或三

少见的河姆渡文化罐

足钵和碗类器为多,并有一些鼎、瓮、盘、豆、盂等。各地出土的陶器中,除有早、晚之时期上的划分外,陶器的形制与花纹装饰还有地区差别。

磁山文化的陶器,以敞口、深腹罐,小口、双耳罐,敞口、圜底钵或三足钵为主,也有一些平底盘、椭圆形盂、三足鼎、杯和靴形支架等异形陶器。这里的陶器器表多饰绳纹与篦纹,或有划纹与波折纹。这其中也有一些简单的彩陶。

裴李岗文化的陶器也以直口或敛口深腹罐,小口、双耳壶,敞口、圜底钵、三足钵和碗为主,部分双耳壶的底部有加圈足或三锥状足的,并有一些三足鼎和瓢形器。这类器表纹饰以篦纹与划纹居多,少见绳纹。

陕西西乡李家村、华县老官台、元君庙、宝鸡北首岭和甘肃秦安大地湾等新石器时代早期遗址出土的陶器,虽然也有深腹罐、圜底钵、三足钵和碗等器具,但小口壶却较为少见。陶罐的底部除平底外,多加有三矮足,或口沿作锯齿状;另有小口瓮、杯和盂等。器表纹饰以划纹和绳纹居多。另外还有一些锥刺纹、附加堆纹的彩陶。由于这些遗址出土的陶器型制与器表纹饰与磁山—裴李岗文化的不尽相同,所以有人分别称其为"老官台文化"、"大地湾一期文化"。另外,山东滕县北辛村遗址出土的一些陶器,时代也比较早。

以上列举的黄河中下游和附近地区的几处新石器时代早期遗址出土的陶器,制作工艺虽然还比较粗糙,但工艺水平已相当进步,因而它不应是我国最早的陶器。

知识链接

古陶的鉴定与辨伪

能够精通陶器鉴定并非一蹴而就的,最关键之处就在于要多观察、多接触、多实践,从把握历代陶器的基本特征和典型风貌着手,有了规律性的认识,再加上现代科学测试的手段,基本上能够作出正确的判断。但我国几千年流传下来和出土的陶器难以计数,陶器的风格面貌因时代不同而各异。即使是同一时代的器物,不同地区制作的风格面貌也有所不同。并且自古陶器逐渐有较高的经济价值以来,就不断有人仿造,制假手段层出

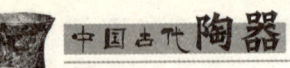

中国古代陶器
ZHONG GUO GU DAI TAO QI

不穷。这些情况使得古陶器鉴定越来越复杂，越来越困难。所以说要准确鉴定出某件产品的年代、窑口、真伪及其艺术水平的高下，除了具备专业知识以外，还要有丰富的历史、文学、艺术、物理、化学等方面的知识。

在20世纪60年代以前，古陶器的鉴定大多是通过人体的感官，如眼、耳、手等进行辨伪、断代。从70年代后，一些新的科学技术手段在陶器鉴定中逐渐得到运用，如用光谱、质谱等分析、比较陶器的化学成分；用碳-14和热释光，来间接和直接测量陶器的年代；用电子自旋共振波谱法检测陶器中化学元素的含量；用电子显微镜鉴定陶器内部的结构、质地等。但这些高科技鉴定设备投资大、成本高，因此一般情况下鉴别陶器时人们多数还是凭感官，就是说到目前为止依靠人体感官来鉴定古陶器仍占主导地位，很多情况下，现代科学技术暂时不能代替人体的感官的作用。

刻划鸟纹陶尊（新石器时代）

河姆渡文化陶器

河姆渡文化是目前长江下游已发现的年代最早的一种原始文化。其年代约为公元前4360至前3360年，遗址分布范围主要在浙江杭州湾以南的宁绍平原，是江浙地区新石器文化中时代较早的遗存，因在浙江余姚河姆渡发现而被命名为河姆渡文化。

河姆渡文化因发展年代较早，所以陶器制作的工艺还处在较为原始的手制阶段。从出土的陶器来看，绝大多数为夹炭黑陶，并有一些砂质灰陶和泥质灰陶。烧制温度较低，在800℃~900℃左右，胎质疏松，而且器壁比较粗厚，造型也不规整。灰炭黑陶是河姆渡文化的陶器代表作，它是在陶泥中有意识地羼入炭化的植物茎叶和稻壳制作的，主要是为了减少黏土的黏性以及因干燥收缩和烧成收缩而形成器物开裂，这种做法虽说比较原始，但也是一种陶器生产工艺的创举。陶器的表面修饰有比较繁密的绳纹和各类花样的刻画纹，也有一些堆塑而成的动物纹和简单的彩绘。绳纹主要见于陶釜和陶罐的腹部和圜底部分，由小块各自排列整齐的绳纹交错组成，从整体看图案比较错乱，似是采用绳缠在陶拍上拍印而成的。刻划纹在当时的应用较广泛。有的陶器上刻画了凤鸟、猪、鱼等动物纹饰和一些植物或由其变化而来的各种图案。堆塑动物纹常见于陶器的口沿上，形似蜥蜴，造型生动逼真。彩陶的花纹较为别致，一般是在印有绳纹的夹炭黑陶上施一层较厚的灰白色化妆土，然后表面磨光，绘以咖啡色和黑褐色的变体动植物之类的纹饰。

昙石山文化陶釜

河姆渡文化的陶器品种中以釜、罐最多。炊器有砂质陶釜，形制分敞口或敛口、深腹圆鼓、圜底罐形釜和浅腹圆鼓、圜底盆形釜，部分陶釜的口部或腹部还有握手。此外，还有一些敛口、卷沿、扁圆腹、圜底三足鼎和敞口、浅腹、双耳、平底、带镂孔的陶甑。饮食器有入口深腹杯、敞口浅圆腹或折腹带耳或带握手的平底、大敞口斜壁盘等。盛储器有小口带把或双耳深腹圆鼓罐、小口卷沿平底瓮（又称陶罐）等。另外还有盆、盂、灶、器盖和支座等器型。其中釜的形制较多，有敛口、敞口、盘口和直口等几种，有的底部还留有很厚的烟熏痕迹，釜内还有食物烧结的焦渣。支座是活动的，陶质与一般陶器不同，表面灰色，胎内不见夹炭，制作比较粗糙，器型略方柱形或圆柱形，器体稍作倾斜状，内侧常见烟熏的痕迹，似为支撑釜的支座。

河姆渡文化的陶器虽然在造型上不太规整，但也不乏有些器物的设计显得十分别致，简朴的纹饰也很自然优美，特别是羼入炭化的植物茎叶和稻壳制成夹炭黑陶这一创造是我国的制陶业较为显著的特点之一。

良渚文化陶器

良渚文化是因在浙江省杭州良渚考古发现而得名，是我国长江下游又一种不同类型的文化，是继承了马家浜文化的因素而发展起来的。其年代约为公元前2750至前1890年，大体与黄河流域的龙山文化中晚期时期相当。

良渚文化的陶器以泥质黑陶最富有特色。但绝大多数为灰胎黑衣陶，烧成温度在

良渚文化带纹饰贯耳

940℃以下，胎质较软，陶衣呈灰黑包，极容易脱落。少数的为表里一致皆为黑色的薄胎黑陶，其烧成温度较高，壁厚1.3～2毫米，与山东龙山文化的典型蛋壳黑陶几近相似。此外，还有泥质灰陶和夹砂红陶等类型，其中夹砂红陶的器表施加一层红褐色的陶衣。也有少量彩陶和彩绘陶出现。彩陶多在粉红色陶衣上绘制红褐彩或红色陶衣上绘制黑彩。彩绘陶在黄底上绘制红色弦纹和黑底上绘制金黄色弦纹，并有少量朱绘黑陶。其陶器上所绘花纹均比较简单，有带纹、网纹、三角纹、弦线纹和菱形方格纹等等。

器物造型具有显著的特色。如圈足碗、圜底盆、带把圜底、带把壶、三足、折足鼎和高圈足尊等都具有一定的代表性。陶器分类中，炊器主要是陶鼎，其形制分敛口、圆腹、圜底三足的釜形鼎和敞口、浅腹、圜底三足的盆形鼎，部分陶鼎还加有握手、鼻和器盖，也有敛口、圆腹、圜底形釜。饮食器有小口带流与短颈、带鋬的肥袋足鬶，小口、带嘴与鋬的三足盉，小口、短颈或长颈、贯耳、鼓腹、平底或圈足壶，小口、带流或鋬的平底形器，敞口或敛口、浅盘、喇叭形座豆，敞口、斜壁、圈足簋和大口、浅腹、圈足盘等等。盛贮器有大口深腹平底盘、小口长颈、深腹、平底或圈足盆和大口深

腹、尖底缸类。陶器的成形在当时普遍采用轮制，部分器物和一些特殊的器型则采用手工制作或模具制成。有的陶器制作技巧相当高，上海马桥出土的柱足盉就是典型一例。其器身采用泥质陶，底部和三足则采用夹砂陶，由两种不同质料的陶土配合制成，以达到烧煮和使用的最佳效果。

良渚文化的陶器除器表磨光外，纹饰有弦纹、篮纹、绳纹、划纹、锥刺纹、波浪纹、附加堆纹及镂孔等。镂孔装饰工艺在当时较为发达，主要见于豆把上，有圆形、椭圆形、窄条形、长方形、弧边三角形等多种表现形式。这时期具有代表性的陶器是大圈足浅腹盘、竹节形细把陶豆、高颈贯耳壶、柱足盉、宽把杯等，罐形豆和鱼鳍形的鼎足和马家浜文化时期十分相似，可认为是由此发展而成。

知识链接

认识陶器的图案花纹、装饰工艺

图案花纹、装饰工艺是鉴定古陶器的重要因素。不同时代的陶器上的纹饰和瓷器、玉器、古砚上的纹饰一样，无论题材内容和表现手法，都强烈地反映着当时人们的审美观念和情趣，都带有鲜明的时代风格和特征，通过这些可以了解到当时的社会生活和风俗民情。如商代早、中、晚期的陶器，在图案花纹的制作上有着明显的不同：早期陶器细绳纹多见，饕餮纹少见；中期则饕餮纹广泛流行；晚期饕餮纹极其罕见，绳纹又重新兴起，但明显比早期的粗一些。西周早、中、晚期的陶器在图案花纹上也有很大区别：早期的绳纹与商代晚期不同之处表现为成组的竖形粗绳纹增多；中期时又出现了瓦纹（即凹沟纹）；晚期素面磨光增多，绳纹变粗，并且模糊不清。春秋时期的陶器以素面磨光者为多，同时广泛运用暗纹，绳纹则少见。甘肃临洮马家窑的部分彩陶下腹部有"十"、"一"、"○"、"!"、"卍"等花纹符号，其他仰韶文化的陶器上的没有。由此可见，了解和研究各时期陶器上的图案花纹，是陶器鉴定的重要手段。

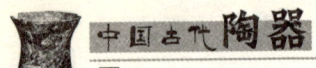

大溪文化陶器

大溪文化因1954年首先在四川省巫山大溪镇发现而得名，分布区域包括长江三峡和湖北、湖南的长江两岸及其周围附近地区。其年代，据碳-14测定，约为公元前3825—前2405年，大致与黄河流域的仰韶文化中期相当。

大溪文化陶器，以砂质和泥质红陶为主，并有少量灰陶与黑陶，少数遗址中也有白陶发现。陶器的制法以手制为主（包括泥条盘筑），兼有慢轮修整。器表装饰，除素面磨光者外，有划纹、弦纹、篦纹、瓦纹、浅篮纹、印纹，附加堆纹和镂刻等。印纹多系用圆形、半圆形、新月形、三角形、长方形和工字形陶拍子拍印而成。有些彩陶多是用黑彩绘制在细泥质红陶壶、瓠与杯等器的磨光表面，但也有少数磨光黑陶表面用红色彩绘。彩绘纹饰有弧线纹、条带纹、绳索纹、人字纹、菱形纹、回纹、锯齿纹、谷穗纹与曲折纹等。陶器中炊器有敛口、卷沿、深腹、圜底、三矮足罐形鼎和敞口、宽沿、浅腹、三扁足盆形鼎，以及大口、深腹、平底砂质罐。饮食器有细泥质、大口、曲腹杯、高柄杯，筒形、细腰、瓠形器（原报告称瓶），小口、直颈、圆腹、圈足壶形器，敞口或口微敛、浅盘、高柄、喇叭形座豆，圈足盘、大口、浅腹略鼓、圈足簋和大口、弧壁、圈足碗等，部分饮食器器表有彩绘。盛贮器有小口、短颈、深腹圆鼓、平底瓮（原报告称罐），敞口、浅腹盆，小口、长颈、深腹、平底壶，大口、深腹、平底罐与筒形器座等，部分陶瓮与陶盆的器表也施有彩绘。另有白陶盘，盘表花纹有波浪纹、线点纹、齿纹、S形纹等，制作相当精致。

就大溪文化的陶器型制与彩陶器看，反映了大溪文化和黄河流域的仰韶文化之间曾有着密切的交流关系。

屈家岭文化陶器

屈家岭文化因1954年首次在湖北京山屈家岭发现而得名。主要分布在江汉平原和河南西南部与湖南北部一带。其年代据碳-14测定，约为公元前2550—前2195年，大体和河南仰韶文化晚期的时代相当。

第二章　先秦时期陶器

屈家岭文化的陶器，陶质以砂质与泥质红陶为主，并有一些灰陶与黑陶。制作以手制为主，兼使慢轮修整。陶器表面的装饰，以素面磨光者居多，并有一些弦纹、篮纹、划纹、附加堆纹与镂刻。部分细泥质磨光或施有细泥陶衣陶器，有用黑色彩或橙黄色彩绘制的彩陶。彩陶纹饰有带条纹、云纹、网纹、圆圈纹、弧纹、线纹、螺旋纹、方框纹、菱形纹与乳点纹等。陶器中炊器以敛口、深圆、鼓腹、圜底三足鼎为主，并有少量大口、曲腹、圜底三足鼎，大口、深腹罐和大口、深腹、圈足甑等。饮食器有长颈、鼓腹、圈足陶壶，高柄

屈家岭文化的彩陶

壶，大口、细腰、平底陶觚（也称陶杯），高圈足杯，大敞口、曲腹、圈足碗，大口、斜壁、平底碗，大敞口、浅腹或曲腹、高圈足豆，大敞口、弧腹钵和浅盘、三足盘等。盛储器有小口、高领、深腹罐，大口、深腹、厚胎缸和大口、深腹、圜底尊等。

屈家岭文化的白陶，在湖南石门皂市遗址中有些发现，器型有豆与杯等。

北阴阳营文化陶器

北阴阳营文化因首先发现在南京北阴阳营而得名。其陶器质料以砂质红陶最多，泥质红陶次之，并有少量泥质灰陶和砂质灰陶。陶胎较厚，基本为手制。器表除素面外，纹饰有压划纹、弦纹、窝点纹、附加堆纹和镂刻纹。彩陶分白衣红彩、红衣深红彩、红衣黑彩等。彩陶纹样有宽带纹、网纹、十字纹、弧线纹等。彩陶器多为鼎、盆、钵、碗等。彩绘除施于器表外，也有施于器内的。陶器的器类，炊器有侈口、深圆腹罐形、三个弯曲柱状高足砂

质鼎。饮食器有盆形、矮足、泥质陶鼎，大口、微敛、浅盘或深盘、高柄或矮柄陶豆，圈足陶碗，角形把手或宽鋬、管状流陶盉，高圈足陶壶和带把手与盖的陶壶、陶杯等。盛储器有大口、深腹、圜底罐和大口盆等。

在北阴阳营较晚的遗址中，还发现有陶鬶。根据北阴阳营遗址出土的陶器看，似和马家浜文化和良渚文化的陶器之间都有交流和影响。

兴隆洼文化陶器

兴隆洼文化是中国北方地区的新石器文化。因内蒙古自治区敖汉旗兴隆洼遗址而得名。主要分布在内蒙古自治区西喇木伦河南岸和辽宁省辽西地区。年代距今约 7000—8000 年。居民以从事农业生产为主。石制工具多是打制的，石器种类包括肩锄、斧、锛、磨盘、磨棒等。住房为半地穴式的方形或长方形建筑，排列有序。该文化中发现了中国最早的玉器之一：一座墓葬中死者两耳处各有一件精美的玉玦。

遗址位于牛河上源的缓坡台地上，地势平坦，视野开阔，加之近有泉水至今长流不断，故很适宜古代人居住。除兴隆洼文化的遗存外，还保存着距今五六千年的红山文化、距今 4 千年左右的夏家店下层文化的居住址和城堡遗址。

遗址进行过三次发掘，共揭露出 57 间房址，均为圆角方形，房址中间是灶址，四周和居住面还有保存食物、火种的小龛、袋状炕。房址大小不一，小的有几十平方米，最大的有 140 余平方米。均无门道，据专家们考证，可能是在房子顶部开孔"以梯出入"。这是我国古代建筑史上的重要发现。

兴隆洼遗址出土的陶器均为夹砂陶，多数陶器质地疏松、胎厚重，烧制火候不高，且外表多呈灰褐色和黄褐色，内壁多呈黑灰色。陶器外表纹饰以压印为主，主体纹饰主要有横人字纹、之字纹、席状纹、网格纹等。所有陶器均为手制。多罐、钵类陶器。

兴隆洼文化是北方三大文化系统之一，它的发现表明内蒙古地区新石器时代的文化自有渊源，这不但解决了红山文化的源头问题，而且进一步揭示出长城地带东段新石器时代文化极富特色的土著性和连续性，确定了该地区与黄河流域的新石器时代文化平行发展、相互影响的历史地位，同时对整个东北地区的文化起了有力的推动作用。

齐家文化陶器

齐家文化继承马家窑文化发展起来，是我国黄河上游新石器时代晚期至青铜时代早期的一种文化。因首次发现于宁夏广河县齐家坪遗址而得名。其地域分布在黄河上游及其支流渭河、洮河、大夏河、湟水流域以及宁夏南部地区。重点遗址有青海乐都柳湾、甘肃刘家峡水库区、武威皇娘娘台、永靖大何庄、秦魏家等。

齐家文化单耳壶

齐家文化的陶器独具特色，代表器型主要有双大耳罐、侈口罐、高领双耳罐、浅腹盆、深腹盆、镂空圈足豆、袋足鬲、三环罐等。根据地区不同及各地区文化内涵特征，可将齐家文化大体分为早中晚三期。三期文化的陶器由胎质到器型随着时间的推移也略有不同，但它们却存在着根深蒂固一脉相承的内在联系。早期陶器以红褐陶为主，器型较小，常见的有侈口罐、单耳罐、高领双耳罐、双耳罐形甗。中期陶器以泥质红陶为主，灰陶罕见，器型主要有双大耳罐、高领双耳罐、镂孔豆和单把鬲等。晚期陶器以泥质红陶为主，灰陶少量出土，陶器除双大耳罐、高领双耳罐外，出现尊、壶、高领折肩罐、双耳彩陶罐、彩陶豆等。齐家文化的制陶业比较发达，陶器多数仍为手制。慢轮加工较普遍，小件器物通常用手工捏制。平底器居多，稍大的平底罐类采用底、壁分制，即以壁包底方法制成。壁仍为泥条盘筑，其外底平坦。内底常见粘接时的手捏痕迹。高领罐的口部有些也是粘接而成，其内壁留有清晰的接痕，有些虽经慢轮修整，不见泥条接痕，但轮旋痕迹清晰可见。豆也是分制出豆盘及圈足，然后用泥条粘接成型。高领折肩罐的折肩往往靠工具压抹而成。

齐家文化还出土一些手捏陶塑，如人头、鸟头及羊、狗等动物。有的陶塑虽不成比例，但其造型小巧，姿态生动，尤其是人和鸟的头部轮廓逼真，面部丰满，双目有神，是我国原始社会不可多得的艺术佳品。齐家文化陶器

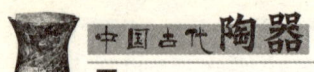

除素面器，主要有篮纹、绳纹装饰及少量彩陶。篮纹、绳纹一般饰于夹砂罐、双耳罐、单把鬲上，起加固和装饰作用。彩陶多施于泥质红陶上，以黑彩居多，也有红彩和紫彩。彩绘纹饰常见的有菱形纹、网纹、三角纹、波折纹、蝶形纹等。纹饰繁简不一，富于变化，题材也独具特色。

大汶口文化陶器

大汶口文化是我国黄河下游和江淮地区的一种新石器时代文化。因1959年发现于山东泰安大汶口而得名，其分布范围以泰山地区为中心，东起黄海之滨，西到鲁西平原东部，北至渤海南岸，南及今安徽的淮北一带（安徽省蒙城县尉迟寺遗址出土文物有与大汶口文化完全相同的），河南省也有少部分这类遗存的发现。大汶口文化遗址位于泰山南麓泰安市郊区大汶口镇，大汶河东西贯穿，将其分为南北两片。遗址总面积80余万平方米，文化层堆积2～3米，遗址的文化内涵包括了大汶口文化发展的全过程，先后共进行过三次发掘。大汶口文化经历了长期的发展过程，就已发掘的材料看，可以初步分为早、中、晚三期。一般认为，可以划分为"大汶口"和"三里河"两个类型。

1. 大汶口类型

它包括山东中南部的泰安、济宁等地区的大汶口文化遗址。经过发掘的有滕州岗上、曲阜西夏侯、邹城野店、兖州王因等遗址。该类型的特点，表现在陶器器型上，以釜形鼎、大镂孔编织纹高柄豆、背壶、筒形杯、盉、尊形器、圈足瓶、袋足鬶、带耳杯等较有代表性。墓葬以头向东单身仰身直肢葬为主，并有少量仰身屈肢葬和俯身葬，死者手中多握有獐牙器。另外，早期墓葬中还有一定数量的同性合葬墓。

2. 三里河类型

因山东胶州三里河遗址具有代表性而得名，主要分布于山东潍坊地区和日照等地。经过发掘的遗址有日照东海峪、安丘景芝镇、诸城呈子等遗址。陶器以釜、罐形鼎、鬶、单耳长颈壶、双耳长颈壶、细长瓶、大口折肩尊、

第二章　先秦时期陶器

单耳杯、高柄杯、折腹钵等具有代表性，背壶、豆、筒形杯较少。葬式以头向西和西北的单人仰身直肢葬为主。在呈子遗址中还有较多的合葬墓，并有重叠葬，死者手中也多握有獐牙器或蚌器。有的死者手臂处放有石钺、蚌器、黑陶杯和海螺等。有的死者口中还含有玉琀。用猪下颌骨随葬比较普遍。

大汶口文化在山东地区，承接于后李文化和北辛文化，制陶技术已有很大提高。这里的陶器有红陶、灰陶、黑陶和白陶四类。陶器装饰以镂刻和编织纹最具特色。常见的纹饰则有锥刺纹、附加堆纹、弦纹、划纹和

大汶口文化灰陶背水壶

篮纹。有少量彩陶。彩陶的纹样主要以自然界中植物的花叶纹样和各式几何图形为素材，包括线纹、弦纹、叶纹、花瓣纹、八角星纹等。施彩技法有两种：一种是在塑制好的陶坯上直接施彩作画，叫作原地绘画，一般只绘红或黑色单色，纹样比较简单；另外一种是先在陶器需要作画的部位涂一层加了色彩的泥浆，叫作施陶衣，再行绘画。陶衣之上多绘白、褐、黄、黑等多种颜色，图案也比较复杂，讲究构图对称、色彩对比和层次效果。以三足器和圈足器为主。器型有罐形鼎、钵形鼎、壶形鼎、背壶、长颈壶、深腹罐、高柄豆等。高柄杯和白陶器是大汶口文化中最具特征的两种陶器。

在早、中、晚三期中，陶器的陶色、纹饰、器型都略有变化。陶色早期以红陶为主，兼有一些灰陶与黑灰陶。中期红陶减少，灰陶增多，兼有一些黑陶和白陶。晚期黑陶大增，有少量红陶、灰陶和白陶。陶器的早期制法以手制为主，到了晚期轮制逐渐增多。陶器纹饰，早期有锥刺纹、划纹和少量彩陶。彩陶上多为黑彩线条纹和叶脉纹。中期又出现了附加堆纹、篮纹、压印纹和镂刻纹，以及施黑赭色和红色的彩陶。彩陶纹样有直线、斜线、弧线组成的花瓣纹和八角星纹等。晚期陶器纹饰有弦纹、附加堆纹、篮纹、镂刻纹等，彩陶则以涡汶为主。早期的主要器型有釜形鼎、钵形鼎、小口带柄壶

形鼎、敛口平底钵，也有在上腹部饰彩的陶钵、高柄豆、高柄觚、双耳壶等。中期的陶器就种类上较早期明显增多，主要有小口深腹罐形鼎、钵形鼎、盂形鼎、小口深腹罐、平底盉、三实足鬶、敛口钵、高柄喇叭形座豆、小口长颈带鼻壶、圈足尊、高柄杯、盆、簋、勺与漏器等。器类有罐形鼎、瘦腹背壶（其中有白陶）、宽肩壶、高柄豆、袋足鬶（有白陶）、三实足盉、高柄豆、带把杯、长颈壶等。

大汶口文化彩陶中以八角星纹彩陶豆最具代表性，这件器物1978年出土于山东泰安大汶口遗址，口径26厘米，足径14.5厘米，通高28厘米，现藏于山东省文物考古研究所。

这件彩陶豆敛口侈沿，深盘圆底，下有喇叭形高把，造型匀称、深厚、稳重。器皿的主体装饰是红褐色陶衣上描绘的六组白彩八角星纹。八角星纹是由一方形四面延伸两角构成八角，六组八角星绕豆腹一周，均匀分布成带状，星与星之间采用两道竖线分隔。豆的口沿和高把装饰比较简单。口沿部分是在白色陶衣上描绘八组相对的半月形纹，半月形纹之间绘红彩短竖线五道。豆把部位用两道白彩圆弧纹，将豆把按高度分为三等截。此类八角星纹装饰，还见于江苏邳县大墩子出土的一件青莲岗文化彩陶盆上。八角星纹样在大汶口文化的彩陶器中较为常见，似乎是我国先民共同认可和喜爱的图案。关于这种纹样的含义，有研究者认为是表现光芒四射的太阳；也有学者认为四射的八角喻意无际的天空，中间的方形象征着大地，有天圆地方之含义。

大汶口文化的彩陶并不发达，但该文化晚期的白陶工艺独具特色。以白陶袋足鬶最具代表性。这件器物高29.5厘米，高21.6厘米，最宽16.9厘米，是目前我国所有白陶鬶中历史最悠久、造型最美观、形制最完整的一件。其取材于高岭土，经1200℃左右的窑温烧制而成，胎壁较薄，质地坚硬，表现出制陶技术的一次飞跃。

鬶是原始先民用来烧水的容器。东夷人崇尚鸟，故把鬶做成各种各样的禽

八角星纹彩陶豆

鸟形象。有的似展翅欲飞的鸟，有的似仰首高歌的雄鸡，造型独特，姿态生动，很有地方特色。造型巧妙运用三足稳定的原理，前两足像足，后足像尾。而做成袋足，又具有增加受热面积以缩短烹饪时间的作用。由于它的造型独特，后为周边部族所模仿，在今江苏、浙江、安徽、河南、湖北甚至江西都发现了类似鬶的器物。

红山文化陶器

红山文化以辽河流域中辽河支流西拉沐沦河、老哈河、大凌河为中心，分布面积达20万平方公里，距今五六千年左右。红山文化因最早发现于内蒙古自治区赤峰市郊的红山后遗址而得名。

红山文化的居民以农业为主，还饲养猪、牛、羊等家畜，兼事渔猎。这里细石器工具较多见，还有磨制和打制的双孔石刀、石耜、有肩石锄、石磨盘、石磨棒和石镞等。陶器以压印和篦点的之字形纹和彩陶为特色，种类有罐、盆、瓮、无底筒形器等。彩陶多饰涡纹、三角纹、鳞形纹和平行线纹。这个时期已出现结构进步的双火膛连室陶窑。玉雕工艺水平也较高，玉器有猪龙形玦、玉龟、玉鸟、兽形玉、勾云形玉佩、箍形器、棒形玉等。

红山文化陶器羊摆件

红山文化三足罗纹陶器

红山文化是与中原仰韶文化同时期分布在西辽河流域的发达文明。它在原仰韶文化和北方草原文化交汇中产生，是一种多元文化。它的内涵十分丰富，是一种富有生机和创造力的优秀文化，红山文化的手工业达到了很高的水平，形成了极具特色的陶器装饰艺术和高度发展的制玉工艺。

这里的陶器有泥制红陶、夹砂灰陶、泥制灰陶和泥制黑陶四类。主要饰细绳纹、刻划纹和附加堆纹，由细绳纹组成的菱形回字纹已初具雷纹特征。彩陶以黑彩为主，有红彩和施白衣，纹饰有斜平行线纹，折线回字纹。有内彩，它的一种典型绘法为施白衣后用平行斜线画出区界，内添黑、红、棕色三彩，组成回字、三角、八角、网状等多种几何图案。朱绘已见多例，多见于夹砂灰陶直筒罐类、钵盆和镂空豆类、壶类以及器座、盂、尊、双耳大口罐型器。晚期出现了大平底盆、大敞口折腹浅盘细柄豆，有少量彩绘陶。

陶器中的泥质红陶和夹砂褐陶的盆、钵、罐、瓮等各有自身的装饰纹样，而横"之"字形纹和直线纹是红山文化特有的象征性纹饰，泥质陶中的彩绘也是最有代表性的器物。红山文化虽然受中原仰韶文化的影响，但二者之间仍有各自的异同点（共性与个性）。仰韶文化彩陶纹饰多用黑、紫或白色做装饰，而红山后陶器类型较为多彩；仰韶文化饰纹多带状纹饰中夹有圆圈涡纹、叶形纹、斜格子纹和绳纹，而且单独配有"S"字形、"X"字形等纹饰，与红山后类型陶器迥然不同。红山后类型陶器中，连点弧线纹是一种坠落式的，这在仰韶文化陶器中并未曾见。二者之间也有相似点，红山文化红山后类型的"红顶碗"式钵与仰韶文化后岗类型的同类彩陶相似；彩陶之中的平行线形、平行斜线组成的三角形纹与后岗类型的同类彩陶相似。它们的相异点，说明了各自的文化特征，它们的相同点（或类似）说明年代大体相近，但我们不能简单地认为红山文化是仰韶文化的支系、地方变体或混合文化等。

知识链接

商代的白陶

我国在大汶口文化时期，即能生产白陶器，其原料与黑陶、红陶不同，是以制造瓷器的瓷土或高岭土为原料的。白陶胎质坚硬，洁白细腻，花纹精致，并且吸收了同期青铜艺术的特点，得到人们的钟爱，到商代晚期白陶烧制达到了高峰。在河南、河北、山西、山东等地的遗址中，均有商代晚期白陶器或墓葬出土，其中以安阳殷墟出土最多。

商代人们穿着和使用器物多崇尚白色，是高贵的象征，白陶为统治阶级才能享用，死后随葬墓中。白陶出土量极少，大多殷商的白陶器都是从贵族墓中发掘，极其珍贵。

商代时期的白陶器不但选料精细，且制作相当精致规整，胎质坚硬，多采用手制与轮制，烧成温度较高，一般在1000℃左右。器型多为壶、盉、鬶、爵、豆、钵等，以食器和酒器为多，与人们日常生活密切相关。器表纹饰有饕餮纹、夔纹、云雷纹、曲折纹等，形制和纹饰很多都是仿自当时的青铜礼器，装饰花纹技法多为印花或刻花。刻纹白陶的原料选择和制作都比较精细复杂，在当时就是极为珍贵的工艺品，能够代表商代陶器的最高工艺水平。商代以后，由于瓷器的出现，白陶便迅速衰落了。

仰韶文化陶器

仰韶文化时间约为公元前4000年至前2000多年，属于中原地区新石器时代的中、晚期。仰韶文化的陶器基本上是人工手制的，但是当时也已经有了初级形式的陶轮。只是这种陶轮结构简单、转速较慢，一般称之为慢轮。当时陶器的成形、修坯或一些弦纹的制作都是在这些原始的慢轮工具帮助下进行的。这时期的陶器制作用料一般都经过选择，并根据器物的不同用途，或经过精细的淘洗、或在陶土中加入羼和料，制作较为讲究，但也有部分陶土不经加工就直接用于制作陶器。总体而言，当时陶器生产的工艺水平是随其用途而定的。作为饮食实用器的质地细腻的陶器所用陶土都需经过认真的淘洗加工，而作为烧煮器皿生产的陶土一般还要特别加入砂粒或其他羼和料，主要是为了增强陶器的耐热急变性能。

仰韶文化陶器是承袭各地新石器时代如早期的裴李岗文化、磁山文化和老官台文化发展而来，但器类和数量上有了明显的增多。出土的陶器就其质料和陶色而言，可分为细泥红陶和夹砂红陶，灰陶较为少见，黑陶则更为罕见。成形工艺普遍采用泥条盘筑或泥条圈筑，小型器物还是多用手工捏制而成。当时的陶器生产不仅在选料和成型工艺等方面取得了一定的成就，而且在装饰方面的磨光、拍印纹饰和彩绘等工艺上也有了较大进步。从遗址出土的素面陶器上来看，一般器表都是经过了精细的磨光处理，以达到实用基础上的美观效果。但也并存一些打磨粗糙，甚至表面还留有压磨不平痕迹的陶器。这里的器物以素面和磨光较多，并有一些线纹、绳纹、划纹、弦纹、篮纹和附加堆纹等纹类加以装饰。部分细泥质陶器表面施

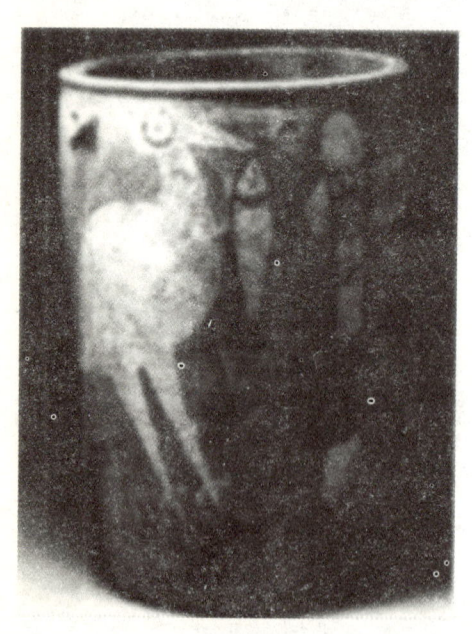

彩陶缸

有陶衣，还有用黑、白、红等颜色彩绘的图案花纹的彩陶器。另外还发现在陶器的底部或陶瓶的器耳上留有席纹或布纹的痕迹，具而猜测这是当时在制作过程中将陶坯放置在席子或垫布上而留下的印痕。

彩陶的出现和创新是仰韶文化的一项卓越成就。我们今天所见的惟妙惟肖、形式丰富的图案大多是先人工匠在陶器未烧之前手绘上的，这样烧成后的彩纹固定在陶器表面不易脱落。彩绘基本以黑色为主，兼用红色，也有的双色交绘。据有关光谱科学分析结果表明，彩陶上黑色彩料可能是一种含铁很高的红土，而赭红彩料就是赭石。这些彩陶纹饰主要以花卉和几何图形为主，也有少数的动物纹饰。而这类纹饰大多绘制在钵、碗和罐类的口部、腹部，敞口的盆、钵上等，也有画在器物内底中的。

极少发现在器物下部或收缩部分有绘彩装饰的。这与当时人们的生活习惯有着一定的关系。在远古时代的先人生活中没有桌椅，习惯于席地而坐或蹲踞，因此作为生活实用器的彩陶上的花纹通常装饰在人的目光范围容易接触到的器物部位上。至于彩陶花纹的描绘工具，从花纹流畅笔法及一些可以看出的笔毫描绘痕迹来分析，基本可以断定当时已经使用毛笔。但是因为至今未发现五六千年前的毛笔实物，具体用于彩绘的毛笔式样、用料等等都暂无法确切表述。

仰韶文化的陶器大致可区分为半坡类型、庙底沟类型、西王村类型、后岗与大司空类型和秦王寨与大河村类型等等。常见的陶器大致分为炊器、饮食器和盛贮器三大类。有杯、钵、碗、盆、罐、瓮、盂、甑、釜、灶和鼎等，另有带握手的陶器盖、筒形细腰陶器座、白陶器和硬陶器等。其中以小口尖底瓶最具特色，这些众多数量的彩陶造型线条流畅、匀称得体，再相得益彰地配上丰富多彩的图案，更显出仰韶文化陶器的精致优美、艺术动感和先人工匠的"鬼斧神工"。

1. 半坡类型

半坡类型因首先发现于西安半坡遗址而得名。遗址有早、晚期之分。代表性陶器有大口、圆底陶钵，大口、圆底陶盆，折腹陶盆，细长颈陶壶，小口、深腹尖底瓶、陶罐和陶瓮等。器表装饰以绳纹、线纹、弦纹与锥刺纹（分菱形、三角形、麦粒形）和彩陶为主。彩陶中多用黑彩绘制的带条纹、三角纹、波折纹、网纹、人面纹、鱼纹、鹿纹与蛙纹等，也有的在陶器的内壁

41

中国古代陶器
ZHONG GUO GU DAI TAO QI

仰韶文化：人面鱼纹彩陶

进行彩绘，这在仰韶文化类型的彩陶中较少见。另外一些彩陶钵的口部里沿处刻有符号。半坡彩陶早期纹饰多为散点式构图。也就是说，在一件器型上，装饰往往只占据器面的一小部分，纹样一般是自然形态的再现。

这样的典型器物可以人面鱼纹彩陶盆为代表。这件彩陶盆是儿童瓮棺的棺盖。仰韶文化中流行一种瓮棺葬的习俗，是把夭折的儿童置于陶瓮中，以瓮为棺，以盆为盖，埋在房屋附近。这件人面鱼纹彩陶盆高16.5厘米、口径39.5厘米，由细泥红陶制成，敞口卷唇，盆内壁用黑彩绘出两组对称的人面鱼纹。人面概括成圆形，额的左半部涂成黑色，右半部为黑色半弧形。眼睛细而平直，鼻梁挺直，神态安详，嘴旁分置两个变形鱼纹，鱼头与人嘴外廓重合，加上两耳旁相对的两条小鱼，构成了奇特的人鱼合体的形象，表现出丰富的想象力。

这种图案代表的是什么？有什么含义？目前学术界对于人面鱼纹的研究已经出现了近30种观点说法，有图腾说、神话说、祖先形象说、原始信仰说、面具说、摸鱼图像、权力象征说、太阳崇拜说、原始历法说等等，还有的认为是水草鱼虫或婴儿出生图，甚至还有人认为这极有可能是一种外星人形象。

2. 庙底沟类型

庙底沟类型因首先发现于河南陕县庙底沟而得名。代表性陶器有敞口、曲腹、平底碗，敞口、曲腹、平底盆，大口、圜底钵，双唇、小口、尖深腹底瓶，陶器座，小口、圜底罐，罐形鼎，小口、扁折腹釜，盆形、三足陶灶等。器表装饰以线纹、绳纹、划纹、篮纹、弦纹和彩陶为主。彩陶主要是黑色彩陶和涂有白衣的彩陶，红色彩陶较少。彩陶纹饰中有带条纹、圆点纹、勾叶纹、弧线三角纹、曲线纹等，并有少些动物形象的鸟纹与蛙纹。庙底沟彩陶比半坡彩陶成熟得多。点、线、面搭配适宜，空间疏朗明快。曲面之间，穿插活泼的点和线，使纹样节奏鲜明，韵律感极强。

庙底沟类型的彩陶的典型器物也是陶盆，大口、曲腹、平底，纹饰花样丰富，有很多比较抽象的花纹。

3. 后岗类型与大司空类型

后岗类型因发现于安阳后岗而得名。其中代表性陶器有敞口、圆腹鼎，敛口、圜底钵，大口、弧腹、平底碗，小口、长颈、鼓腹壶和小口、圆腹瓮等。器表装饰以线纹、弦纹、划纹、锥刺纹和指甲纹为主。彩陶主要是红陶衣彩陶，最耀眼的装饰是在碗、钵类器物的口沿涂一周红彩，即所谓红顶碗、红顶钵。花纹有宽带纹、三至六道不等的直线组成的平行竖线纹、平行斜线组成的三角纹、菱形网格纹等多种样式。

仰韶文化的典型陶器二尖底瓶

大司空类型因发现在河南安阳大司空村而得名，代表性陶器有曲腹与折腹盆，大口、斜壁、平底碗，小口、卷沿、深腹、圆鼓、平底罐和带锯齿纹盆等。器表装饰多为划纹、篮纹、线纹、绳纹、方格纹、锥刺纹和附加堆纹。彩陶以红色为主，绘制的纹饰有条带纹、弧纹三角纹、叶纹、螺旋纹、半环纹、S形纹、X形纹、沟形纹、网纹、圆圈纹等。

4. 秦王寨类型与大河村类型

秦王寨类型因发现于河南荥阳秦王寨而得名。代表性陶器有罐形和盆形折腹鼎，大口、圜底与平底钵，敛口、深腹罐（部分罐的腹部饰一周或两周附加堆文），小口、短颈、圆肩、鼓腹、平底瓮，小口、尖底瓶等。器表装饰大多是划纹、弦纹与附加堆纹。彩陶以红彩和黑彩为主，彩绘纹饰有带条纹、网纹、X形纹、S形纹、竖道纹（三道或四道）等，并有少许白衣彩陶，这是河南中部地区仰韶文化中较晚的遗存。

大河村类型因发现于郑州市大河村而得名，其以仰韶文化为主，是近年来发掘范围较大，延续时间较长的文化遗址。从大河村仰韶文化遗址的层次叠压和陶器特征来看，有时期早晚之分，且是前后一脉相承的发展关系。代表性陶器有砂质与泥质深腹、圆腹或折腹平底罐，罐形鼎与盆形鼎，小口、扁腹、三足釜，大口、深腹甑，大口或敛口钵，浅盘、高柄豆，小口、鼓腹瓮，短颈、深腹壶与双联壶，大口、侈沿、深腹盆与折腹盆，大口、深腹、平底缸，大口、深腹、尖底罐，小口、深腹、尖底瓶，筒形器座和陶器盖等。器表纹饰以弦纹、划纹、附加堆纹与绳纹为主，并有较多数量的彩陶，彩陶多饰在泥质陶罐、陶钵与陶盆的上部，有黑、红、白等彩绘。彩绘纹样较丰富，有条带纹、弧形三角纹、叶纹、螺旋纹、半环纹、太阳纹、S形纹、X形纹、钩形纹、网纹、锯齿纹、圆圈纹与波浪纹等。从鼎、罐、盆、钵与小口尖底瓶的形制和鼎足的发展变化以及彩陶纹饰的演变中，可以较明朗地看出大河村陶器整个的发展演变过程。大河村类型的晚期为秦王寨类型。

知识链接

观察陶器的器形特点

不同时代、不同地区、不同窑口有不同的审美标准、生活习惯和技术条件，这些因素制约着不同时代陶器的造型。所以只有了解陶器器型产生、发展、演变和消失的历史，才能为古陶器的鉴定提供可靠的基础。如仰韶文化时期多见平底器，少见袋足器、三足器和圈足器；龙山文化则与仰韶文化相反，器型多见袋足器、三足器、圈足器，平底或圆底的钵、盆极其少见。又如新石器时代和商周时期炊器中的鬲十分流行，到了汉代鬲则消失不见。陶鼎和陶钟等仿青铜陶器，商周时期出现，流行于战国和两汉，到魏晋以后彻底绝迹。

从陶器器型角度来鉴定陶器，首先必须掌握每个时代器型产生、发展、演变、消亡的历史，还要对地区特有的器型进行了解。另外对具体每件陶器的口沿、颈部、肩部、腹部、底部，以及耳、流、系、柄、足、钮、鋬、鼻等细部特征进行进一步的对比研究，最后再结合胎质、花纹、款式、制作工艺方面的特征来鉴定。因此而言，形成准确的器型概念非常重要，在此基础上还要善于辨别各时代器型的不同风貌。

龙山文化陶器

龙山文化因首次在山东省章丘县龙山镇发现而得名，继而先后在河南、河北、山西、陕西、湖南、湖北、安徽、江苏和甘肃等地发现了较相似的龙山文化遗址。由于各地龙山文化的陶器是在不同地区的仰韶文化和大汶口文化以及屈家岭文化的基础上发展起来的，所以各地的龙山文化陶器遗存之间虽有不少相似之处，但又有许多不尽相同之处。为此各地龙山文化的地方特色也较为明显。为了区别这些不同地区的差异，于是就有了"山东龙山文化"、"河南龙山文化"、"陕西龙山文化"、"湖北龙山文化"等之称。各地龙山文化的年代起讫早晚也不相同，年代晚的下限可延伸至中原地区的青铜时代。据

龙山文化白陶鬶形盉

考古记载，中原地区的龙山文化的年代为公元前2310—前1810年。山东龙山文化的年代为公元前2010年至前1580年，由于各地龙山文化有着较长的延续发展时间，有学者把这种文化统称为"龙山时代"。

以我国中原地区为主的龙山文化制陶业在前期仰韶文化的基础上又有了新的发展和创新。早期龙山文化的陶器大多以手制为主，器物口沿部分一般都经过慢轮修整，在成型工艺上基本采用接底法，就是将器身和器底部分分别制成后再进行结合。因此在一些陶器的下端常见留有底部边沿贴住器壁的痕迹，这类现象在较大型的罐类器物上最能得到明显的证实。龙山文化的陶器以砂质黑灰陶和泥质黑灰陶的数量为多，泥质黑陶（包括黑皮陶）的数量较少，同时还生产一些红陶和白陶，彩陶和彩绘陶器也有出现但数量极少。龙山文化的陶器种类较前明显增多，其中又以饮食器皿类更为显著。当时的陶器不仅在造型工艺上有其特色，其纹饰以篮纹为常见，并在上面加饰多道甚至通身饰以若干附

加堆纹,这类工艺一是为了装饰,二是可以起到加固器物的作用,而且还生产了一些新的器型,如双耳盆、深腹盆、筒形罐等许多较为美观实用的陶器。陶器表面装饰除磨光工艺外,以划纹、弦纹、篮纹、方格纹和绳纹等为装饰的较为常见。晚期龙山文化的陶器除了大量灰陶之外,红陶器物也占了一定比例的数量,而且黑陶的数量也有不同程度的增加。这时期轮制技术虽然有进一步的运用,但还未占主要地位,制作中仍以手制为主,部分陶器则采用了模制工艺。陶器生产的种类也比早期有所增多,而且随着地域分布的不同制作出的陶器类型也有若干的变化。除了传统生产的鼎、罐、甑、瓿、杯、壶、碗、豆、盘和尊的器型之外,还出现了鬲、鬶和盉等等新的器型。其中鬲的产生显然是从早期的形制改进发展而成的;而鬶就是在单把鬲的口部延伸出流形成的;至于斝到了晚期腹部扩大变深,器型也显著发生变化,有的地区还发现了一种扁腹斝。由于地域的差别,河南和陕西的晚期龙山文化在器型上有着显著的差别。前者陶器以双耳杯、折腰盆、高领鼓腹罐、矮颈鼓腹双耳罐、小口折肩深腹罐等器物具有代表性,炊具方面则大量出现绳纹鬲,但是斝、鼎等陶器比较少见。其纹饰则以绳纹为主,篮纹比早期减少,被方格纹所取代,但数量也不很多。后者陶器的种类较为简单,器型以绳纹罐、单把鬲等数量较多,而单耳罐、双耳罐和高领折肩罐等器型则与齐家文化的器形较为相似,纹饰以绳纹和篮纹为普及,方格纹却极其稀少。

龙山文化的白陶烧成温度较高,一些白陶器物击之可发出类似瓷器的金石声。已发掘出土的白陶品种以敞口、有流、长颈、袋状足鬶和敞口、长颈、细腰、宽鋬、袋状足斝居多,还有一定数量的白陶碗和白陶盉。白陶用料的化学组成,有的与我国北方习称瓷土的制瓷原料基本相似,有的还同高岭土非常接近,其共同的特点是氧化铁的含量比一般陶土低得多,因此烧成后就呈现白色。我国是世界上最

新石器晚期三足鬲

第二章　先秦时期陶器

早使用瓷土和高岭土的国家，从仰韶文化晚期就开始出现白陶，大汶口文化和龙山文化时期比较流行，这个工艺传统后为商代所继承。白陶的出现，对后期由陶过渡为瓷起到了十分重要的作用。

三足鬲，也有俗称"羊奶子"鬲，像三只胀鼓、下垂的羊奶，很是可爱。其高大丰满的形体能够给人以某种形象。它是高21厘米，口径8厘米的三星级黄褐陶，是龙山文化最有代表性的产物。主要有大宽沿的高柄杯，其胎质十分轻巧，胎壁厚仅0.5～1毫米左右，制作精致，造型优美，实为我国古代制陶业的经典代表作之一。

马家窑文化陶器

位于黄河上游的马家窑文化是受关中地区仰韶文化影响而发展起来的一种文化遗存，和仰韶文化一样，制陶业具有相当高的水平。其遗址因首次在甘肃省临洮县马家窑村发现而命名。年代约公元前3190年至前1715年。主要分布在甘肃和青海东北部一带，已发掘的马家窑文化遗址还有甘肃兰州曹家嘴和青海乐都湾等数处。

马家窑文化的陶器主要以砂质和泥质红陶为主，但其泥质陶器的胎质细腻，器表经过认真打磨，并且大多数为人工手制。在当时彩陶生产特别发达，彩绘大多用黑彩在泥质红陶或橙黄陶器的颈部和上腹部绘上颜色鲜艳、线条流畅的图案花纹装饰。在砂质红陶器表还有施用划纹、三角纹、绳纹、动物纹和附加堆纹等，表明马家窑文化的彩陶已具有了较高的水平。

马家窑文化是仰韶文化向西发展的一种地方类型，主要分布于黄河上游地区及甘肃、青海境内的洮河、大夏河及湟水流域一带。有石岭下、马家窑、半山、马厂等四个类型。

马家窑文化蛙纹双耳罐

1. 石岭下类型

石岭下类型是仰韶文化庙底沟类型到马家窑类型的过渡期陶器，因首次在甘肃武山石岭下遗址发现而命名。陶器以彩陶为突出，多见黑彩，构图疏朗，保留了庙底沟类型的特色。纹饰有圆点纹、波形纹、条纹、弧线三角纹以及鸟纹、蛙纹等。与马家窑类型相比，内彩较少见。器型有小口双耳平底瓶、长颈圆腹壶、高领鼓腹罐等。上海博物馆所藏石岭下型彩陶壶是石岭下型的典型器。上世纪20年代由于马家窑彩陶的发现，个别西方人士提出了中国仰韶文化西来说。上世纪70年代在甘肃天水罗家沟遗址发现仰韶文化庙底沟类型压在最下层，石岭下类型介于庙底沟和马家窑类型之间，而马家窑类型在最上层的地层关系。从而否定了仰韶文化西来说。马家窑类型直接由石岭下类型发展而来。马家窑氏族经济中制陶手工业发达，工艺水平很高，生产的陶器可分为泥质红陶、夹砂红陶、泥质灰陶等陶系。夹砂红陶主要作炊器和盛储器，在成型时表面做出绳纹、附加堆纹。泥质陶种类多，在生活中使用广泛，有素面磨光陶，也有彩陶。马家窑类型的彩陶最精美，陶器细腻，底色呈橙黄色，少数呈砖红色，表面打磨光亮，大多数用黑彩在器物的口沿、颈腹最圆鼓的部位和内壁绘画装饰。纹饰以几何形图案为主，构图饱满复杂，出现最多的有垂幛纹、垂钩纹、圆点纹、波浪纹、平行条纹、弧线三角纹、叶状纹间网纹、葫芦形纹、菱形网纹、螺旋纹、圆圈纹、S形纹等。人物类画面最精彩的是红陶盆内壁5人一组携手舞蹈的纹饰，它是研究新石器时代舞蹈艺术和氏族成员娱乐生活、风俗人情的宝贵资料。动物纹饰有变形鸟纹、狗纹等。

马家窑类型彩陶的典型器物是在青海大通上孙家寨出土的舞蹈纹

马家窑彩陶王

彩陶盆，高 14.1 厘米，口径 29 厘米，底面直径 10 厘米。盆用细泥红陶制成。大口微敛，卷唇鼓腹，下腹内收成小平底，施黑彩。口沿及外壁上部采用了一些简单的线条装饰，作为主要装饰的舞蹈纹在内壁上部。

舞蹈纹共分 3 组，每组有舞蹈者 5 人，手拉着手，踏歌而舞，面向一致，他们头上有发辫状饰物，身下也有飘动的饰物，似是裙摆。人物头饰与下部饰物分别向左右两边飘起，增添了舞蹈的动感。更奇妙的是，每组外侧两人的外侧手臂均画出两根线条，好像是为了表现空着的两臂舞蹈动作较大和摆动频繁。

舞蹈是以有节奏的动作为主要表现手段，表现人的生活思想和感情的艺术形式，一般用音乐伴奏。舞蹈在原始社会已经产生，先民们用舞蹈来庆祝丰收、欢庆胜利、祈求上苍或祭祀祖先。

彩陶盆的设计制作，还体现了当时制陶工艺的熟练和审美思想的进步，舞蹈者的形象以单色平涂的手法绘成，造型简练明快，三列舞人绕盆沿形成圆圈，下有四道平行道纹，代表地面。盆中盛水时，舞人可与池中倒影相映成趣。

关于舞蹈的内容，有许多不同的看法，但大家一致认同的是它不仅真实生动地再现了先民们群舞的热烈场面，更形象地传达出他们生机勃勃的活力。

马家窑的彩陶中还有一件被誉为"彩陶王"的大瓮，体积硕大。1950 年 4 月发现于积石山县的三坪村，列为国家一级保护文物，现藏于中国历史博物馆。

瓮高 46 厘米，口沿有 4 只提耳，平口，短颈，阔肩，腹部逐渐下收，平底，系泥制红陶。陶器外壁用黑彩绘出上、中、下三层纹饰。上层为花卉纹，中层为旋涡纹，下层为水波纹。其中花卉纹与仰韶文化庙底沟类型彩陶上的花卉纹相近，说明马家窑文化受到仰韶文化的强烈影响。上层的花卉纹和下层的水波纹，纹带均窄。中层的旋涡纹纹带最宽，是主体花纹。

"彩陶王"通体共有 4 个波浪式大旋涡纹。每个大旋涡纹都围绕其中一个点旋转，这说明当时就有了等分的数学概念。有学者认为，每组旋涡纹各以同心圆为主体，尾随大弧线纹，构成后浪推前浪的卷浪式。三角空间处又补以同心圆纹。上面画变形鸟纹，下面画多足爬虫纹。

2. 半山类型

半山类型因1924年安特生首先发现于甘肃省广和县洮河西岸的半山遗址而得名，分布在陇山以西的渭水上游、兰州附近的黄河沿岸到青海贵德盆地，以及黄河支流湟水、大夏河、洮河、庄浪河、祖厉河、河西走廊的永昌、武威、古浪、景泰等地区。范围基本与马家窑类型相同，但已逐渐西移。

半山类型的陶器以红陶为主，有少量的灰陶和白陶。半山类型的制陶业相当发达，尤其是彩陶艺术发展到了鼎盛时期。彩陶出土量最高，有的遗址中彩陶占全部陶器的85％，最高达到90％。彩陶的造型美观，图案具有华丽精美的艺术风格，多以黑红相间的线条勾画出各种图案，纹饰以旋纹、锯齿纹、菱形纹、葫芦纹、网纹为主，花纹一般饰于器物上腹。器型丰富多样，形体匀称，高低、宽窄比例协调。大型贮藏器壶、瓮、罐等成为半山类型彩陶的主要器型，这也反映了农业定居生活的进一步发展。在半山期，鸟形壶开始出现，后期有所增多，其腹部有双耳，代表双翼，尾部由一小錾来显示尾翼。这一时期器型饱满凝重，曲线优美柔和，重心降低，最大径在腹部，直径与高度基本相等，器表打磨得很光滑，制陶技术有了显著提高。半山类型的彩陶，是在马家窑的基础上发展起来的，比马家窑更丰富。半山类型代表了我国彩陶文化的巅峰，显示出繁荣、成熟和完美的特色。

半山类型的彩陶以各种图案的双耳彩陶罐最具代表性。以现藏于北京故宫博物院双耳罐为例。这件器物高37厘米，口径10厘米，小口，圆腹，腹侧安双环耳，平底。胎呈暗红色，肩及上腹部以宽肥的黑彩条带和细窄的锯齿状条带构成旋涡纹，利用弧线的起伏旋转表现河水奔腾向前的韵律感。这种将柔和的弧线和醒目的圆点相结合构成二方连续的装饰带，是马家窑文化的典型构图方式。

马家窑文化半山类型双耳彩陶罐

3. 马厂类型

马厂类型因最早发现于青海省民和县马厂塬而得名,分布范围与半山类型大致相同,只是更为向西,发展到了河西走廊的西端玉门一带。马厂类型是继半山类型后发展起来的文化类型,个别地方与半山类型同时并存,但主流晚于半山。马厂类型的陶器器型大部分脱胎于半山类型,但有了进一步的丰富和变化,增加了一些新的器型,最具代表性的是单耳带鋬的筒状杯。这一时期陶器种类繁多,彩陶图案绚丽多彩。陶器以红陶为主,有少量的灰陶和白陶。早期器表打磨较光,晚期只有个别的经过打磨,大部分未经磨光,器表比较粗糙。大量出现红色陶衣,也有少量的白色陶衣。纹饰以四大圆圈纹、变体神人纹、波折纹、回形纹、卦形纹、菱格纹和三角纹为主,构图松散。

马厂类型的彩陶继马家窑类型和半山类型彩陶之后,在艺术上达到了一个新的境界。无论是其创作思想的活泼、丰富、多彩方面,还是内涵的深邃、神秘、广博方面,都史无前例地达到了远古彩陶艺术登峰造极的地步。它与工整、典丽、细腻的工笔形式的马家窑类型彩陶艺术形成鲜明的对比,创作了中国画写意形态的笔墨源头和意象源头,因此它更能给人一种原始美的视觉享受,它以高古、纯朴、豪放的艺术感染力震撼着人心。典型器物可以两件彩陶壶为例。

变体神人纹彩陶壶:这种变体神人纹是马厂类型常见的图案。以1976年出土于甘肃省康乐县上湾乡东沟门的彩陶壶为例,这件器物藏于宁夏回族自治区博物馆,高32.8厘米,口径13厘米,底径10.5厘米。陶色为土黄色。黑、红彩纹。变体神人纹是马厂类型彩陶的主要纹样之一。马厂类型早期彩陶的神人单独纹样,多画在壶腹两面的中央,而两侧画圆圈纹,由于神人纹的下肢与圆圈纹之间留有较多的空隙,为填补空隙,神人纹下肢由两节延伸为三节,原先爪指在下肢第二节的顶端处,现位于第二、三节的关节转折处,成为马厂类型彩陶神人纹的典型模式。

男女裸体浮雕彩陶壶:1974年出土于青海省男女裸体浮雕彩陶壶。这件器物是迄今为止国内考古发掘出土的原始彩陶中最早的浮雕人物彩陶壶,泥质红陶,高33.4厘米,口径19厘米。在壶腹的一面,以浮雕加彩绘的手法堆塑了一个正面全裸站立人像,头位于壶的颈部,身躯和四肢位于壶的腹部。

中国古代陶器
ZHONG GUO GU DAI TAO QI

人像面部粗犷，五官俱备，眉作八字，小眼高鼻，硕耳，口微张，胸前乳房丰满，乳头用黑彩点绘，双手捧腹，身体魁梧，在小肢肘关节部位还以墨加以渲染，表示强健有力。两腿外侧，分别绘带爪指的折肢纹。人像两侧绘圆圈纹，背面绘蹲踞式蛙形人纹。尤为特别的是，彩陶壶上裸体人像的生殖器官既有男阳的特点，又有女阴的特征。也正是这个原因，学术界对该裸体人像的性别问题一直存在着不同的看法：有学者认为是生殖崇拜，即女性；有学者认为是父权制确立的象征，即男性；还有学者认为是两性同体崇拜，即男女复合体，是母系同父系斗争的产物，象征着母系氏族社会向父系氏族社会过渡期间，男性神和女性神同时被人们所崇拜。

男女裸体浮雕彩陶壶

马家窑文化的陶器在造型上已经具有自己的显著特点。最具有代表性的是彩陶，器型种类有小口圆腹瓮、双耳彩陶罐、大口深腹平底罐、喇叭形座豆、大口平底碗、敞口平底、双耳平底瓮、长颈圆腹壶和长颈深腹陶瓶等等，还有陶杯、陶盂、陶盆和陶尊等，其中绝大多数器表绘有各种不同图案装饰，一些器物如碗、盆、豆的内底也绘有花纹等图案。

马家窑文化的彩陶根据各类不同纹饰大致可分为以下类型：

一是马家窑类型的彩陶。器物制作比较精细，以黑彩为主，内彩较其他类型的彩陶发达且有特色。柔和流畅的纹饰有条纹、宽带纹、圆点纹、弧线纹、水波纹、方格纹、人面纹、蛙形纹等等。

二是石岭下类型的彩陶。器物呈砖红底色，以黑色彩绘，构图比较疏

马家窑文化古陶

朗，具有仰韶文化庙底沟类型的特色风格。纹饰有条纹、圆点纹、水波纹、弦线三角纹和鸟纹、蛙纹等，器内绘彩较为少见。

三是马厂类型彩陶。工艺比较粗糙，有些器物表面施加了一层红色陶衣。彩绘有红、黑两种。纹饰多样，除继承了半山类型风格外，还有人型纹、贝形纹、雷纹、大三角纹、波折纹、方框纹和变形蛙纹等。

四是半山类型的彩陶。以黑色彩绘为主，兼用红色，构图较为复杂。有螺旋纹、菱形纹、圆圈纹、葫芦形纹、同心圆纹、平列弦线纹、编织纹、棋盘纹、连弧纹和网纹等，并且经常用黑色锯齿纹作为镶边装饰，这是半山类型的最大特点。

其他新石器文化陶器

1. 上宅文化陶器

出土于北京平谷县上宅村，距今已有6500—7000年。生活用陶器主要遗留有深腹罐、圈足钵、碗、盆、盂、鸟头形镂孔柱；艺术陶塑有猪头、羊头等。多为红陶，厚而且粗，但手制猪头形似野猪，生动逼真。鸟头形柱可能用于"图腾崇拜"。该重要发现，说明远在6000多年前北京地区已有定居的人类社会，从事农业并掌握早期制陶技术。上宅文化遗址和周口店猿人遗址遥相呼应，揭示出北京地区原始社会物质文化和社会发展状况。

2. 大地湾文化陶器

1978年在甘肃秦安县大地湾发现，距今5000—7000年。它的早期文化早于中原仰韶文化，有自己发展的源渊和区系。大地湾出土的陶器有一件人头形器

秦安大地湾出土的人头形器口彩陶瓶

中国古代陶器
ZHONG GUO GU DAI TAO QI

口彩陶瓶,高31.8厘米,瓶口为原始人头形,似女性,留短发和刘海,耳有穿环小孔,上部涂红色陶衣,表示肤色,身着黑色弧线三角花纹衣裙。此物实为罕见彩陶珍宝。还出土一组异形陶器:两件带把陶抄,似铲,口呈箕状,可能是分配谷物等用的量器;一件底部打磨极平整、上边有水槽的条形盘,可能是我国最早的水平仪。它可能与一起发现的主室达130平方米堪称我国新石器时代最高水平殿堂的建设有关。

3. 后洼文化陶器

1983年开始发掘的位于辽宁丹东地区后洼的新石器时代遗址,距今6000年左右,出土了空前丰富的原始图腾和人形陶像,是反映我国原始社会图腾文化至为珍贵的实物标本。陶塑女人头像和男女双面陶质人像,反映出原始社会对生殖崇拜和祖先崇拜的观念。

知识链接

了解古陶器的产地

每一种古代陶器,都有一定的出土地点和分布范围。比如,彩陶主要分布在新石器时代的黄河流域,几何印纹硬陶在商代和西周时期广泛流行,到春秋和战国时期仍在继续发展,盛行于长江中下游地区和广东、广西、福建、台湾等地。凡遇胎质比一般陶器更为坚硬,烧成温度比较高,叩之能发出金属声,器表拍印有几何纹饰的一些盛贮器绝大多数为长江中下游地区的产品。在长江中下游一带的河姆渡文化和山东龙山文化遗址中出土的陶器多属于黑陶,尤其是山东龙山文化和大汶口文化的黑陶,器壁极薄且光滑,被称做"黑如漆,薄如纸",有"蛋壳陶"的美称。凡遇漆黑光亮的蛋壳陶,基本可以判断是山东龙山文化之物。再比如仰韶文化,1921年首次发现于河南省渑池县的仰韶村而得名,遗址中出土了大量非常精美的彩陶器。随后考古学家又在黄河流域的陕西、甘肃、青海、河北等地发现类似仰韶文化的遗址多处，它们被统统归入仰韶文化。因此要鉴定一件彩陶器，就要首先想到它的产地和范围，所以说能够掌握古陶器的出土地点、分布范围和流传的经过等专业知识，才能准确地鉴定陶器的时代、真伪和价值。

第二节
夏商周三代与春秋战国陶器

夏代陶器

夏代（主要指二里头文化早期）的陶器型制、类别和纹饰，基本上是承袭了河南龙山文化晚期的陶器发展而来。以泥质灰陶和夹砂灰陶为主，黑陶（包括黑皮陶）和棕色陶较少，红陶更为少见。陶器成型技术基本为轮制，兼有一些模制和手制。装饰工艺除部分食用器和盛器为素面磨光外，或在磨光器面上拍印一些回纹、叶脉纹、旋涡纹、云雷纹、圆圈纹、花瓣纹和人字纹等图案纹饰外，大多数陶器的表面还以篮纹、方格纹和绳纹等为装饰花纹，并且还流行在陶器表面加饰数周附加堆纹和一些划纹及弦纹。不难看出其中篮纹和方格纹是承袭当地龙山文化晚期的陶器上常见编织物纹饰发展而来的，但数量已大为减少，逐渐被细绳纹所替代。很显然，当时陶器上大多数花纹是为装饰美观而印的，但也有一些所谓纹饰是为了加固陶器或搬动方便而特意添加的。如一些陶器上所见的附加堆纹，大多是添加在器型较大和陶胎较

中国古代陶器
ZHONG GUO GU DAI TAO QI

灰陶盉

厚的腹部,这就能说明这些附加堆纹除了作为花纹装饰使用外,还能起到加固陶器的实用效果。另外在河南二里头文化早期遗址中,还发现一些制作精致的陶器表面浅刻有龙纹、蛇纹、兔纹和蝌蚪纹等形象生动、雕工精细的动物形象图案,并有一件陶器表面还刻有饕餮纹和裸体人像的图案。

夏代陶器型制和纹饰,虽然是直接承袭河南龙山文化晚期的陶器发展而来,但是在早期的饮器中出现了腹部满饰附加堆纹的高足陶鼎。陶已经基本不见,却出现了陶爵和陶盉等器皿。陶盉有可能就是从前期陶鬶发展而来的。在食器中新发现了陶簋和三足盘。陶簋有可能从前期陶圈足盘演变而成的。在盛器中陶瓮、陶罐、陶盆的口沿和底部较龙山文化晚期相比也有一些变化并开始出现了圜底器。在器表纹饰的工艺上,篮纹和方格纹相对比较前期减少,绳纹逐渐增多,并开始出现了拍印的图案纹饰。夏的邻区文化的陶器除了二里头文化早期的陶器都存在着许多共性之外,还有各自的显著特点。如黄河下游一带稍晚于龙山文化的先商陶器,其质料虽然也是以泥质灰陶和夹砂灰陶为主,但素面磨光黑皮陶和夹砂棕陶的数量也比较多见,常见的陶器型制和河南豫西地区二里头文化早期的陶器相比有明显的区别。陶器特点以折沿或卷沿的平底器为主,三实足、三袋状足和圈足器比较少。其常见的陶器型制,鼎、罐、甗、甑和鬲等为饮具用器;觚、带流壶和杯等为饮用器;豆和圈足盘等为食器;较大的瓮、平底盆和陶缸作为储存水和粮食等的盛器;另有陶制研磨器和器盖等。其中陶甗、陶鬲、平底盆和带流壶是较为常见的生活用具。而在夏文化(河南豫西地区的二里头文化早期)中这类器型却基本不见。其余地区的陶器特征和夏文化的陶器相比也有所不同,反映了夏的陶器和周边地区其他氏族部落的陶器有着各自的发展序列和某些独特的风格。

夏代的二里头文化遗址中，也曾经发现有白陶斝和白陶盉。斝为椭圆形口、前有流、长颈内收、弧形鋬、袋状足、口部饰锯齿纹和乳丁纹的装饰纹。白陶盉为圆口、前有管嘴、弧形鋬、袋状足、鋬面饰刻有三角形纹。

商代陶器

商代早期的陶器，以二里头文化晚期（三四期）的遗存为例。其出土的陶器以砂质和泥质灰陶为主，黑陶（包括黑皮陶）、棕灰陶和红陶比较少，另还出现一些白陶和含铁量较高的硬陶器。陶器制作一般为轮制兼有模制和手制工艺。陶器表面的花纹装饰除少量素面或在磨光的陶器表面上施用一些凸弦纹和云雷纹、双钩纹、圆圈纹等带条状图案的装

广东省博物馆展出土文物品陶簋

饰外，绝大多数陶器表面满饰印痕较深的绳纹，兼饰一些附加堆纹和凹弦纹。绳纹约占整个陶器表面纹饰总数的一大半，而附加堆纹的施用数量已较前大为减少。器表满饰方格纹的仅在个别粗砂质厚胎缸上还有施用，个别陶盆上还发现了篮纹的装饰。

在商代早期的陶炊器中，陶鬲逐渐代替了陶鼎，并出现了陶甗。陶鼎是夏代的主要炊器之一，到了商代陶鼎的数量大为减少。有些盆形陶鼎逐渐成了食用的细泥质磨光器皿。同时，陶觚、陶斝和陶爵等酒器数量比夏代明显增多。盛器中的大口尊开始出现并逐渐成为重要的盛器之一。而且在这些大口尊的口沿上大多刻有陶文记号，这对于了解大口尊这类盛器的用途可能有着一些意义。食器中新出现了圈足陶豆和陶簋，浅盘高柄陶豆逐渐减少。其他类型的陶器也有不同程度的变化，反映了商与夏文化在陶器上有着显著的不同和特点。

商中期的陶器是直接承袭早期（即二里头文化晚期）的陶器发展而来的。以泥质和砂质灰陶为主，还有一些夹砂粗质红陶和少量的黑皮泥质陶及泥质红陶。表面除素面磨光外，大多数陶器的腹部、底部都使用绳纹并加饰一些划纹、附加堆纹和镂刻。部分细泥质盆、簋、壶、豆、瓮等陶器的腹部、颈

部还印有方格纹、人字纹、曲折纹、饕餮纹、花瓣纹、云雷纹、旋涡纹、连环纹、乳丁纹、蝌蚪纹、圆圈纹等图案组成的带条装饰，其中以饕餮纹组成的带条纹数量为最多，是当时装饰图案中最美的一种。其中有些施用饕餮纹的陶器和同期的青铜器型制完全相同。

在商代中期的各种灰陶器中，其口部的折沿基本不见，而多为卷沿口部，底部主要以圜底和袋状足为主，圈足器也显著增多，平底器则大为减少。饮器中陶盉和爵的数量较前明显增多，陶斝则很少发现；食器中陶簋和豆相继取代了三瓦状足的平底盘；盛器中陶盆、大口尊和粗砂质红陶缸的数量增多，并由前期口部略小于肩部，发展为口部略大于肩部直至成为大敞口的大口尊。商代中期陶器品种增多，用途明确，胎壁减薄，工艺精致，为商代陶器生产的鼎盛时期。

商代后期的遗址以河南安阳殷墟为中心，遍布河南、河北、山东、陕西、湖北、山西、江西、安徽和江苏等地，说明随着商人活动的扩大，其制陶工艺技术和文化范围也不断地扩大。各地的陶器中共性较为明显，但地方特色也显著存在。商晚期的日用陶器品种较中期略有减少，而且一般灰陶的制作工艺也不如中期，原因是商晚期青铜器、原始瓷、白陶器、硬陶器和木漆器等不同质地的器皿在日常生活中已较为普及的缘故。从陶器的器型观察，袋状足的陶器数量仍然不少，但平底器和圈足器较前明显增多，而圜底陶器则相对减少。炊器中鬲的数量最多，陶鬲的口沿都有折棱，但腹部形状由深变浅，裆部由高变矮，足尖逐渐消失。陶甗的变化也与鬲基本相似。早中期常见的夹砂陶罐到了商后期数量大为减少。食器中陶簋和豆的数量大增，但陶簋的器型由敛口变为大敞口，陶豆的高圈足也逐渐变矮。到了商代晚期，真正用于日常生活的陶器仅有鬲、簋、豆、罐、瓮和器盖等十余种。实用陶器数量的减少，是和商代后期青铜器、印纹硬陶等胎质坚硬的器皿有了新的发展并得到广泛使用有着密不可分的关系。

周代制陶业是在吸收融合了商代晚期制陶工艺的基础上发展起来的。陶器以泥质灰陶、夹砂灰陶为主，也有少量泥质红陶和夹砂红陶。泥质黑陶较少见，至西周后期基本

商代黑釉带盖陶瓮

消失。生活用陶器品种又比商代时有所减少，主要器型只有十余种。如炊器主要是鬲、甗、甑，西周时期陶鬲仍然是炊器中使用最多的，后来随着灶的出现和发展，鬲的形制也渐渐发生了变化。这时的鬲多为敛口卷沿、深腹圆鼓、矮袋状足，甑为敞口深腹、平底带镂孔的盆形。食器主要是豆和簋，簋基本是折沿大敞口、喇叭口形圈足；豆多为敞口浅盘、平底喇叭座。盛器主要是盂、盆、罐、罍、瓮，盂为敞口折沿、折腹

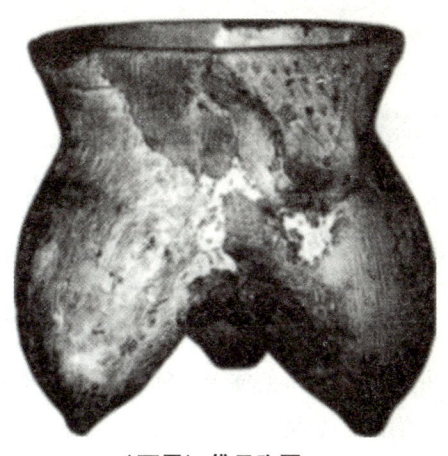

（西周）袋足陶鬲

平底；盆分为敞口沿外卷、深腹略鼓、瓶底盆和敞口沿外折、浅腹平底盆两种；罐分为小口沿外卷、深腹平底罐和敛口短颈、深腹圜底罐两种；罍为小口卷沿、双鼻短颈圆肩、深腹平底。

周代陶器花纹很少，主要是在成形过程中拍打上的，起成形稳固的作用，同时有装饰效果。以纹理较粗的绳纹为多，也有一些刻划的篦纹、弦纹、三角纹，以及云雷纹、回纹、重圈纹、S形纹、席纹、方格纹和曲折纹等，这个时期附加堆纹已经很少在装饰中使用。

西周专门设置了陶正、车正、工正等官职，以加强对各个手工行业的管理，并集中全国各地的精工巧匠到国都，称为"百工"，专门为朝廷制造精美的生活用品。陕西扶风、岐山一带出土了大量的陶器、原始瓷器。陶器主要以砂质和泥质灰陶为主，不仅有日用器皿，还有建筑用品等材料。从一些陶器作坊遗址中得知当时烧制日用陶器和建筑材料的作坊已有分工。从出土的大量板瓦、筒瓦来看，西周时期的制陶业已开始生产建筑材料，这是我国制陶史上一个新的进展，也是我国建筑史上房顶盖瓦的新纪元。

根据丰镐遗址的发掘资料显示，西周的居住址和墓葬可以分为早、晚两期，这两个时期的陶器有着明显的区别：早期的红陶较晚期多，同时有少量磨光陶，晚期则已不见；早期印纹较多，晚期弦纹和篦纹较多；早期有鼎、尊、簋等器型，至晚期已绝迹；早期的陶鬲为尖锥状袋足，或三足间的腹部向里深陷并有夹角裆，足尖比较明显，晚期的鬲袋足下有矮足根，或裆部极矮，足尖部分基本消失；早期的豆为粗柄深盘，多为矮圈足，晚期的豆多为高柄喇叭足，在豆柄中腰处有凸

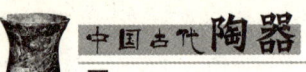

棱；早期的随葬陶器组合多为簋、鬲、罐，晚期则为豆、鬲、盂、罐。

春秋时期陶器

春秋时期共295年，可分三期，每期约100年。早期的材料较少，与中期的区别不很明显。从陶器的墓葬组合来说，中原地区春秋早、中期为盆、鬲、罐，晚期则为豆、鼎、罐。南方地区楚墓的情况有所不同，春秋早、中期为钵、鬲、罐，晚期则为钵、鬲、长颈壶。两地所出土的同类器物，在形式上各不相同。

春秋时期的陶器制作方法均为轮制，大型厚胎陶器多以泥条盘筑法制成。陶质仍以

三里桥文化陶甗

夹砂灰陶和泥质灰陶为主，夹砂红陶和棕色陶器较少，另有少量灰皮陶和黑皮陶。基本特征仍以平底器和袋足形器为主，也有一些圈足器和喇叭形座。炊器有鬲、釜、甗、盂等，其中鬲是数量最多的，早期袋状足比较明显肥大，晚期底部近似圜底，仅在底部有三个略微鼓起的象征性袋状足，后来发展为圜底陶釜。

春秋时期的陶器表面纹饰更加简单，主要是印绳纹和瓦旋纹。陶鬲、陶釜、陶罐、陶盆、陶甗和陶瓮的腹部多饰绳纹。陶鬲、陶釜的肩部多饰瓦旋纹。陶豆和陶盂多为素面或磨光。另外还有少量压银印暗纹、附加堆纹、席纹、方格纹等。

在各地许多遗址中都发现有春秋时期的建筑用陶，相对西周时期，制作水平有了很大的发展和提高。这个时期常见的建筑用陶仍以板瓦和筒瓦为主，还有瓦当和陶制水管，并且发现了长方形或方形薄砖。春秋时期在筒瓦的制造和使用上有了一些改革，反映了当时在烧制陶制建筑材料方面的新发展。

战国时期陶器

战国时期秦、齐、楚、燕、韩、赵、魏七国和少数民族地区的陶器还是以灰陶为主并广泛得到应用，就是在当时已盛行印纹硬陶和原始瓷的百越地

区也同时使用大量的灰陶和夹砂陶器。日用陶器主要是泥质灰陶，只有一些陶釜之类的炊器用夹砂陶土制作。当时陶器的制作以轮制为主，也采用模制和手制工艺。陶罐、陶瓮等大件器型均采用泥条盘筑或圈筑做成器身，再粘接底部而成。战国时期出现大型器物表明制陶技术又有了很大的进步，为秦代高大的陶俑和陶马等高质量的陶器烧造奠定了基础。

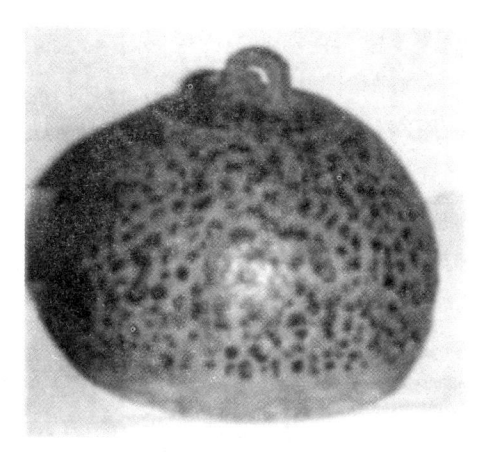

战国彩釉权

战国时期的灰陶含有一定的砂粒，烧成温度高，陶质较坚硬，大多呈浅灰色和黑灰色。夹砂陶掺加粗砂，质地粗糙，陶质较疏松。当时日用陶器的形制和春秋晚期的陶器形制基本相近，只是到了战国中期陶器的形制才有明显的变化。常见的炊器有釜和甑，盛器有罐、壶、盆、钵和瓮，饮食用器有碗、豆和杯等。陶釜形为半球形圜底，底部饰有绳纹或麻布纹，以利于受热。其口沿外折或卷沿，是为了便于平稳地搁在灶眼上。由此推想，战国时期土灶已经被普遍应用了。其中秦国所用的釜、甑、盆等炊器的设计十分实用。如陶釜的腹上有短颈，以加强口部的承受力；陶甑形如折腹盆，下腹略收，在大小不同的釜口上均可使用，甑口唇面平宽，使覆盖在口上的折腹盆放置平稳牢固且不易滑脱。日常使用时，盆作为甑的盖，甑置于釜上，构成一套大小相配、盖合紧密的完整炊器。而盛装菜肴的陶豆，形制上豆盘可深可浅，下装高高的喇叭形把，适合于当时席地而坐的饮食习惯。陶碗则大小适中，敞口平底，腹微鼓，形制与现代的碗基本相似。盛物用的瓮与罐都作小口鼓腹，不仅线条美观而且容量大，较实用，口部又便于加盖或封闭收藏。实为一些既实用又经济的生活日用陶器，在少数民族地区也发现了大量具有民族传统的日用陶器，其中位于四川巴蜀地区常见的有陶杯、陶瓿、陶壶、陶罐等类型。陶杯多数为喇叭口，有的亚腰凹底，有的束颈、球腹、喇叭形圈足；也有为圆筒腹、平底，腹部环装三个不同等高的器耳，形式多样，大小各异。陶瓿和陶罐形似中原商周时期的铜瓿和铜觯，式样精美别致。陶壶为喇叭口椭圆腹平底，肩部装一个斜直的管状流，既实用又美观。这些少数民族的器物造型优美，装饰盛行指甲纹和弦纹，极具强烈的民族色彩。

战国时期由于丧葬制度发生了变化，一些地区的贵族之墓自早中期起逐渐用陶礼器代替了铜礼器随葬，而且在小型墓葬中也发现了这类现象。为此陶礼器的制造得到迅速发展，仿照青铜器型式的陶鼎、陶豆、陶壶、陶簋、陶甗等成套成组地生产，而且磨光、暗花、朱绘、线刻等装饰手法广为应用，把陶器的制作工艺水平推进到了一个新的阶段。由于战国时期各国经济发展的不平衡和文化传统各异。各国生产陶器的组合、形制、工艺等方面也存在着很大差别。在战国早、中期一些地区的墓葬中常见陶鼎、陶豆、陶壶等基本组合。而在楚国则盛行陶鼎、陶簋和陶壶或陶鼎、陶敦和陶壶组合，很少见陶鼎、陶豆和陶壶为一组的。在秦国更多的是用陶器及仿铜礼器来作随葬品。而器物的形状各国也不尽相同，如陶壶，秦国的壶多为平底，带圈足的较少；韩国的壶颈很长，底和圈足都很小，各部分的比例不太协调；楚国的壶器型修长，底部圈足或假圈足较高；燕国的壶圜底矮圈足，器盖上的纽高高竖起；赵国的壶盖沿常见外翻的莲花瓣；齐国的壶敛口、鼓腹或椭圆腰，器型大方，肩部装有可活动的环圈耳。其他的陶明器如陶豆、陶坛、陶罐、陶碗、陶钵和陶鼎等在形制上也都各有不同，具有较显著的地方特色。陶明器与日常使用的陶器有着很大的差别。陶明器的胎质粗细不匀，一般陶土不经淘洗，烧制火候较低，胎质疏松。但一些贵族的墓葬陶明器质地相对较好，陶土经过淘洗，器型比较规整，而且经轮制、磨光或上陶衣、彩绘、线刻或压划暗花等复杂的制陶工艺而成。

战国时期的印纹硬陶坚固耐用，但是由于质地粗糙，不适宜作炊食器皿，而多数为容器盛物。制作印纹硬陶的坯泥大多含有少量杂质和砂粒，烧成的温度较高，胎体已经烧结，故敲击时常发出悦耳的铿锵声，有的器表还呈现一层薄薄的透明体。由于其胎土中含铁量较高，烧成后常呈紫褐色或砖红色。前者因烧成温度高，胎壁坚硬；后者烧成温度较低，胎骨疏松。印纹陶的成形基本与前期一样，仍采用泥条盘筑或圈筑法。而陶器的种类却不多，有陶瓮、陶坛、陶瓿、陶罐、陶钵和陶盂一类的贮盛器，其中以陶罐的式样最多。陶罐有大有小，大的多数为直口圆腹平底，也有口沿外翻的器型。小的多数为直口圆腹平底，这种罐和钵、盂等小件器型规整，胎壁较薄，印有细麻布纹，整洁美观，有的在肩部还附贴有旋涡纹或S形堆纹，成形和装饰工艺比春秋时期有了很大的提高。由于战国时期印纹硬陶分布地区较广，为此在产品的种类和造型方面各有特色。在江浙一带以陶罐、陶坛为最多，还出现陶钵和陶盂等；而在两广一带则有陶瓮、陶瓿、陶罐、陶坛、陶缸和陶壶等，其中广东的小口四耳平底大匏壶、双鋬三足坛和三足盖盆等陶器具有明显的地方特色。

战国时期印纹硬陶的纹饰在吴越一带常见的有米字纹、方格纹、麻布纹、回纹、米筛纹等，而西周春秋时期常用的曲尺纹、云雷纹已是少见了。此外，还常见在陶器的肩部加饰弦纹和水波纹，在两广地区还发现饰有栉齿纹、圆珠纹和篦纹，而篦纹常为点线状装饰。

三足陶盂工艺品

彩陶文化

彩陶是指在打磨光滑的橙红色陶坯上，以天然的矿物质颜料进行描绘，用赭石和氧化锰作呈色元素，然后入窑烧制而成的有艳丽的颜色图案的陶器。在橙红色的胎地上呈现出赭、红、黑、白各种颜色的美丽图案，达到纹样与器物造型高度统一，制出装饰精美的陶器。

在早期陶器发展的几千年中，制陶工艺尚未成熟，彩陶生产的技术条件并不完善，以至于陶器产生几千年以后才出现彩陶。从出现陶器到生产彩陶，经历了一个长期摸索、反复试验、不断改进的过程。

陶器生产之初，并没有刻意装饰的纹络，但加工过程中由于运用手捏、片状物刮削、拍打器壁等制法，往往会留下一些不规则的印痕。随着人们审美意识的提高，他们逐渐将这种不规则的印痕转变为有意的、规则的纹饰，如成排的剔刺纹、一圈的手窝纹等，以增加陶器的美观度和多样性。早期陶器上大量出现的绳纹是在木棍上缠绕绳索滚压器壁而形成的纹饰，既可增强陶胎的坚实度，又能起到美化陶器外表的装饰效果，一举两得。随着起装饰作用的纹饰种类越来越多，逐渐演变为单纯的装饰花纹，慢慢地人们对陶器的装饰也越来越重视。再加上工艺条件的具备，彩陶便应运而生了。

彩陶将各种天然矿物颜料绘制上身，以形成五彩缤纷的各类图案，使陶器不再仅仅是实用品，而且还具备了艺术品的欣赏价值。彩陶的制作工艺大

（马家窑文化）彩陶

多数是先在陶坯上绘制，然后入窑烧制，颜料发生化学变化后与陶胎融为一体，这样的彩陶色彩不易脱落，经久耐用而且美观。还有另外一种称为彩绘陶，是将颜料直接绘制到烧成的陶器表面，此类彩绘贴附在器物表层，使用过程中容易磨损以至颜色脱落。

彩陶产生的技术条件主要有三个：第一，生产彩陶的基础技术条件，是对天然矿物颜料的专业认识。首先作为彩陶颜料，必须在高温烧窑时不分解，比如含量较高的赤铁矿具有耐高温性能。其次还要熟识矿物的显色规律，什么样的颜料烧制后会变成红色，或者会变为黑色，如此才能将各种矿物颜料运用自如，创作出理想的色彩。再次颜料经加工稀释后才能使用，粉末的粗细程度、加水稀释的浓度，都会影响陶器的成色。这每一步都需要一个不断熟悉、掌握性能的过程。第二，陶坯表面必须达到一定的光洁度，颜料才能渗透到陶胎里面。这就需要极其认真对陶土进行筛选、淘洗，拉坯成型后还要对器表反复打磨。考古中发现的彩陶大多是泥质陶，即便是夹砂陶，器表也都较为细腻。大地湾文化陶器主体是夹细砂陶质，但器表均抹有较光滑的泥质层。第三，烧陶的温度越高，颜料的附着力就越强，纹饰越牢固。彩陶烧制发展到一定阶段，人类便逐渐改变了陶窑结构，加大了窑室的密封力度，以达到烧制温度对彩陶质量的保障。

彩陶的颜料主要为红黑棕白等几种。

红彩：将大地湾一期陶钵以及广河地巴坪半山类型陶壶上的红彩取样，经检验测定，其显色元素为铁，显色物相为氧化铁。出土的矿物颜料是赤铁矿的风化物赭石，主要成分也是氧化铁。有的地方还使用含铁量很高的红黏土作为红色颜料。赤铁矿在自然界较为多见，且容易获取，所以红彩成了人们早期彩绘的主要选择。

黑彩：黑彩是甘肃彩陶中最常见的颜色。据对仰韶文化、马家窑文化、火烧沟文化、辛店文化采样标本分析，结果表明，其显色元素是铁和锰，显色物相为四氧化三铁。其矿物以磁铁矿与黑锰矿为主。研究者最近还在马家窑文化的黑彩中首次发现了锌铁尖晶石。这几种矿物均属尖晶石系矿物，其中，锌铁尖晶石、黑锰矿烧成以后颜色较黑，磁铁矿则偏蓝，这正是马家窑文化黑彩漆黑发亮的原因。甘肃省博物馆和临夏州博物馆曾做过一些实验，用纯锰矿颜料绘制彩陶，结果在高温下锰元素全部分解；若使用含锰赤铁矿，在稀释较淡的情况下，彩陶烧成后只显红色；较浓的情况下，则显黑褐色。这一系列的实验表明，史前陶工就已经认识到含锰赤铁矿，即赤铁矿与磁铁矿的混合矿物颜料具备两种不同的呈色性能，并且还熟练掌握了浓淡以至显色的变化规律，使其满足于绘彩的需要。

棕色：在半山、马厂类型的部分彩陶中，出现了既不红也不黑的棕色纹饰。分析认为：棕彩与黑彩的化学成分相同，但其中锰的含量低于黑彩，铁的含量高于黑彩，可能是在颜料中掺和了适量的红黏土。这表明此时已使用了黑、红两种颜料的复合颜料。通过配色后，色调发生了变化，彩陶的色彩层次也因此更为丰富。

白色：仰韶中期开始，出现了个别白彩，至马家窑类型时，白彩明显增多。大地湾三期出土的白彩，显色物为较纯的石英粉末。马家窑类型的白彩，其主要成分为石膏和方解石。

作为彩陶的制作原料，采集到的矿物颜料需要经过加工方能使用。首先，要将颜料矿物砸碎，然后研成细粉末，越细的颜料附着力越好。将研成的细末加水调和成颜料浆，或调成混合颜料。在甘肃出土的文物中，因彩陶发达，颜料及其加工工具种类繁多。大地湾的先民惯于使用石斧，用它将颜料矿物砸碎，因此出土的石斧上常沾有颜料。出土的上百件研磨石、研磨盘，无疑是研磨颜料的成套工具。研磨石有圆形、圆锥形、椭圆柱形，但共同点是均有一个光滑的研磨面。研磨盘形状多样，但都有一凹陷的磨坑。有的研磨盘非常精致，磨面青黑光亮，呈规整的圆形。在兰州白道沟坪遗址窑场出土的两件工具，一件为石质研磨盘，一件是高边分格的陶盘，盘内留有鲜艳的紫红颜色，当为调色盘。颜料调好后，最后的工序就是绘彩。

绘彩时究竟使用什么样的工具，因无实物出土，难以定论。但根据对甘肃彩陶的观察，发现许多彩陶花纹在不经意间留有尖细的笔锋，推测是用类似毛笔的工具所绘，不仅有硬毛制作的硬"笔"，还有用软毛制作的软"笔"，否则，半山、马厂类型细密的网格纹、锯齿纹等无法想象是如何完成。从细长流畅的线条中可以看出，当时绘彩的"笔"很可能是用狼、鹿之类的毛制成的长锋硬笔，并且具有非常好的凝聚性。

中国古代陶器
ZHONG GUO GU DAI TAO QI

仰韶文化精致彩陶

彩陶发源于距今约 1 万年前的新石器时代。人类在新石器时代伴随着相对定居的农耕文化一起发明了烧陶技术。关中地区大约在公元前 6000 年的老官台文化时期就有了较美观的陶器，有个别钵形器口沿装饰一条宽彩带，这是彩陶的萌芽。在公元前 5000 年的西安半坡村的仰韶文化遗址中，发现了很多精美的彩陶，这表明在半坡时期，人们已经能熟练地控制窑温，并且彩绘技术也达到了很高的水平。

彩陶的器型大多都是日常生活用品，常见的有盆、瓶、罐、瓮、釜、鼎等，在器型上很难看出有其他特殊的用途。

我国彩陶发现得较晚（1912 年），至今仅有百年的历史，而彩陶的诞生却已有 8000 年的历史。彩陶记载着人类文明初始期的经济生活、宗教文化等各方面的信息是我们研究、追寻历史的重要媒介。彩陶文化分布广泛，延续时间长，从距今 8000 年到距今 3000 年左右，总共绵延了 5000 多年，跨越老官台、仰韶、马家窑、大汶口、屈家岭、大溪、红山、齐家等众多地域时期文化，在世界彩陶历史中艺术成就最高。而我国的彩陶历史中，从制作工艺、艺术成就、历史价值、升值空间等诸多因素来看，陕、甘、宁、青的仰韶、马家窑、齐家文化彩陶和山东地区的大汶口文化彩陶最具特色。

第三章

秦汉魏晋南北朝陶器

秦代的历史只有短短的30年，而真正被确定为具有秦代标准特征的陶器主要是关中地区的秦都咸阳和临潼秦始皇陵区周边秦俑坑和秦代墓葬的遗存。而全国其他地区的所谓秦代陶器，除有确凿的文字依据与关中地区的秦代陶器相同者外，多数地区的秦代陶器的界线是不易区分的。三国、两晋、南北朝时期，由于瓷器在日常生活中的广泛使用，陶器逐渐不为人们所重视，因此制陶业普遍呈现衰落的局面。这个时期陶塑艺术的整体水平相对较低，制作工艺变得越来越程式化，造型呆板，比例失调，非常粗陋。

第一节 秦汉陶器

秦汉陶器概述

秦的统一，使陶器的发展也呈现出较为一致的趋势。汉代的发展和强盛，使汉文化的影响所及，达到了相当广阔的范围，在陶器上也有显著的反映。当然，这种统一性的加强，还是在汉武帝以后才更明显。

在陶器的发展历史中，秦汉时期一个最突出的表现是，陶俑的发展和陶俑艺术的成熟。如果说秦始皇陵兵马俑以其博大精深的成就，充分显示了秦代陶俑艺术的风范，体现了最高统治者集权的威武气概，那么汉代被广泛发现的大量各式陶俑，则以其丰富多彩、生动活泼的艺术形象，达到了传神入化的高度，显露了汉代陶俑艺术的深刻表现力及其灵性，代表了广阔而深厚的民间基础。由此我国陶塑艺术已形成了经典的、以现实主义为传统的、浪漫格调相结合的民族风格。

在陶器发展中的另一个杰出成就，是低温釉陶的发明。从此釉陶登上了陶器艺术的历史舞台，随后演出了各种色釉陶器一幕幕的精彩纷呈的节目。考古发现表明，绿釉陶在汉代迅速地发展起来，尤其在北方地区，成为与南方青瓷相抗衡的品种。

秦汉的砖瓦艺术有长足的发展，特别是在京都宫殿建筑中，以其优异的制作工艺，显露了空前绝后、非同一般的匠心，长期以来，人们以"秦砖汉瓦"言其精到。古代有以砖瓦为砚的，也仅限于秦与汉魏间的宫殿砖瓦才适于制作砚台，这是因为这些砖瓦乃澄泥烧成。

秦汉时期陶器仍然是以泥质灰陶为主，同时也有一些其他陶系，如泥质红陶、夹砂红陶、夹砂灰陶、泥质黑陶等。各种器皿一般都是以泥质灰陶制成。主要器皿有罐、壶、鼎、豆、盆、盒等，另外各地还有一些带有地方特色的器物。陶模器型主要有：仓、灶、井、屋。陶俑则包括各种人物形象。属于模型明器的，还有各式动物形象，一般是家畜家禽。随着釉陶技术的推广，有许多制品是釉陶加工而成，其中不仅有器皿，也包括陶塑品。

随着砖瓦的发展，在墓葬中出现了画像砖，它不光是花纹，而是一幅幅的绘画图像，多具有故事情节或叙事表现，有的带有象征意义。画像砖产生于西汉，东汉比较盛行，有线刻或浅浮雕的形式，一般在表面再绘以彩色，不过发现时往往已脱落了颜色。画像砖不仅有很高的艺术价值，而且还有相当丰富的历史内容，是当时的社会生活的真实写照，极其富有研究价值。秦汉的砖瓦艺术中，瓦当的艺术水平也达到相当高的程度，尤其是文字瓦当，很有特色，而且是书法艺术。图案瓦当也有许多非凡脱俗的，有的气势雄伟，有的优美绝伦，代表了统一强大的时代精神。

秦代陶器

秦代时期日常使用的实用陶器主要以泥质和砂质灰陶为多，也有一部分红陶出现。由于不同种类的陶器存在着不同的用途，所以在陶坯用料的处理上存在精与粗的区别，或搀砂或不搀砂；也由于含铁量的不同和烧成温度的高低及烧成气氛的差异，所产陶器的成色也不尽相同，陶器的坚硬程度也各有不同。因此会有泥质灰陶、泥质红陶、泥质黑陶、夹砂灰陶、夹砂红陶、泥质硬陶和泥质软陶等不同的区别。至于用来随葬的陶明器如陶鼎、陶敦、陶盘、陶匜等虽然装饰繁缛甚至涂有朱绘彩，但均在制作上显得粗率不精，质地也低劣疏松。

陕西关中地区系秦代之故地，旧礼制的传统影响较之东面诸国要弱得多。虽说至春秋晚期已接受了较多的中原影响，采用陶鬲、陶盂、陶豆和陶罐等器随葬，但直到秦统一以后，仍然多采用生活用品随葬，而且许多器型如铲形袋

秦代陶器：蒜头瓶

足鬲、茧形壶、陶瓮等仍然保留着自身的特点。茧形陶壶，又名鸭蛋壶，壶腹向两侧延伸，酷似蚕茧又类似鸭蛋，这类器型是当时秦国特有的，战国开始盛行，到汉代仍有不少发现。茧形陶壶腹采用泥条盘筑而成，拍打涂抹后经慢轮整修，外表还用宽扁形泥条和弦纹装饰，再与分件制作的口颈和圈足粘接成器。造型大方庄重，胎质坚硬，实为一件美观而实用的生活用器。另外，作为炊器的有小口圆腹圜底陶釜，敛口袋足弦形裆陶鬲和大口斜壁平底陶甑。食器有大口浅腹和大口或直口浅腹平底碗。盛贮器有小口短颈深腹平底瓮，小口折沿深弧腹平底罐，敞口斜壁平底盆和口似蒜头、细长颈圆腹平底蒜头壶等。

秦代时期的墓葬陶器大部分为生活实用器，但也有专为随葬的陶明器，形制有小口圆腹圜底釜、小口圆肩深腹平底瓮和小口深腹平底罐，还有一些陶盘、陶勺、陶钵、陶鼎、陶钫、茧形壶、蒜头壶和陶甑等。其器物表面除饰绳纹和弦纹外，也有一些彩绘陶器。

秦汉时期的制陶业大致有三种不同的性质，即可以分为中央直接控制的陶业作坊，由地方经营的官府手工业和私人经营的制陶作坊。在秦都咸阳和阿房宫、始皇陵以及汉长安城等地出土的"左司"、"右司"、"宫疆"、"宫屯"、"宫水"以及"宗正"、"都司空"、"右空"等砖瓦铭文，表明当时的官府制陶业，由宗正属官都司空令及少府属官左右司空令管辖。这种中央直接控制的官府制陶业尤以武帝时为盛，到王莽时则改都司空令为保城都司空，东汉时期则归由少府属官尚方令主管。一些日用陶器和砖瓦上发现印有"咸阳成申"和"咸阳如倾"字样的戳记，而这些陶器与砖瓦可能是咸阳地方官府所属制陶作坊的产品。而印有"栎阳"、"丽邑"等地方名称戳记的陶器之类则可能是地方官府所辖的制陶作坊的产品。咸阳秦代遗址出土的"咸亭"，邯郸和武安汉代遗址出土的"邯亭"，陕县汉墓出土的"陕亭"、"陕市"，洛阳汉代遗址出土的"河亭"、"河市"等戳印陶文，则均是地方官营手工业制陶作坊的例证。至于私人经营的制陶作坊更加普遍，咸阳的咸里是私营陶业作坊集中的地方。在秦代咸阳城遗址出土的陶器上，还发现"咸郹里角"和"咸内里喜"等戳记，这是在工匠的名前冠以里居地名，因而带有这种印戳的陶器有可能是私人制陶作坊的产品，这些显然是作为商品交换而生产的，从中可以分析出秦代的制陶业似乎已有了明确分工，制陶的各方面技术较前期也有了较快的发展并达到了相当发达的程度。

第三章 秦汉魏晋南北朝陶器

秦始皇兵马俑

　　夏、商、西周是中国奴隶制社会建立与发展时期。一般认为，中国在春秋战国之交进入封建社会。随着奴隶制的消亡，残酷的殉人随葬制度逐渐代之以殉偶人制。这种偶人称为俑。俑多为木制或陶塑制品，在春秋战国墓中渐多，盛行于汉至唐时代。我国于1975年、1976年先后在秦始皇陵东侧发掘出大量的具有真人真马大小的兵马俑群。这是一项举世瞩目的重大考古发现。根据已经发掘所获部分资料推算，三个兵马俑坑内总共约有战车130余乘，驾车陶马500余匹，各类武士俑7000余个。

　　秦以前的雕塑，人体造型古朴，透过衣着变化显示人体结构特征，与西方强调人体自然美的传统不同，重视人的气质美；在人体造型上，不论什么姿态都以躯干为中轴线，左右平衡对称，但简单、纯朴，甚至对身体各部分比例也不严格要求，通常头所占比例略大，求其神似，写意性较强。秦俑全面继承了前代造型风格传统，并加以发展、创新、提高，已不是那么古拙和呆滞，创造出包括各种不同年龄、职位、体态的人物，以挺胸、鼓腹的造型表现出人物健美和威武的气质。这种审美观影响深远。在解剖关系上，基本做到比例适宜，关系合理，且经艺术加工和提炼，使作品源于自然又高于自然。同时，通过对人物的眼神、眉宇、胡须、嘴唇及面部肌肉变化的精雕细刻，运用"眼睛是心灵的窗子"这一艺术原理，使人物面部表情十分传神。秦俑形象之逼真，技艺之高超，规模之宏大，表现了中国古代制陶技术和雕塑艺术水平之高超，不愧被誉为世界第八奇迹。

　　陶俑的制造工艺，由于那时匠师参加制作的很多，各人具体方法并不完全相同，但大体上是："首先用泥塑成俑的头（粗胎或称初胎）；再进一步第二次覆泥加以修饰和刻划细部；头、手和躯干是分别单独制作，然后组装套合在一起；待阴干后放进窑内焙烧，烧的温度大约在1000℃左右。俑出窑后，再一件件地绘彩。在陶俑成型的过程中，俑头和手曾借助于模制成粗胎，再进行细部的雕刻；陶俑的躯干部分纯为手塑。就俑的整体来说，制造方法是塑模结合，以塑为主。"

　　塑制秦俑所用泥土原料，经过筛选、碾、淘，均已除去杂质。俑胎壁分内外两层：内层泥质较粗，掺有白砂粒；外层泥质细密、均匀。从发现的石碾可知，陶土和砂可能碾过。

已经出土的千余件陶俑、陶马，胎质坚硬，火候均匀，无炸裂和变形现象。由此可见，当时的制作和烧成技术是相当高的。有人对出土的真人、真马大小的俑进行仿制，由于对泥质、火候及收缩比例等问题了解不足，故复制品多生变形。研究已经表明，兵马俑所用的是始皇陵附近的黄色黏土，与秦代砖瓦的化学成分基本相同。陶胎内的白砂粒为石英、长石、云母等，粒度为 0.5～1 毫米左右。泥中掺砂，可以增强机械性能，使大型的陶塑兵马易于成型，也有助于克服烧成时可能发生的扭曲变形或炸裂。这是继承陶中夹砂传统经验的表现。为了使大型陶马内外烧成均匀且不炸裂，在马的适当部位留通火、透气孔眼，如在马腹部两侧各留一个直径约 10 厘米的圆孔。俑身也留孔眼，一般留于臀部；头部孔眼留于顶部。

陶俑、陶马的烧制可能是用烧制砖瓦的秦窑。现已发现的窑为半地下式，由前室、窑门、火膛等部分构成。其特点是窑室大、火膛大、通风道长，窑床后设 3 个大烟囱，燃料为木柴。这是一种设计比较合理的结构。估计每窑可烧制陶马 2 件；陶俑至少 6 件。烧制很成功的制品，占 90% 以上，青灰色，表里颜色一致。质坚，敲之有金石声响。烧成温度为 950℃～1050℃，低于原始瓷的烧成温度（1140℃～1200℃），与常见古代陶器的烧成温度接近（硬陶——1100℃左右；普通古代陶器——800℃～1000℃）。

秦兵马俑原来全部都彩绘，只因在历史上曾遭火烧和自然破坏才见不到色彩，只有个别的色彩尚称完整，颜色相当齐全，如有多种色调的红色、绿色、黄色及紫、蓝、黑、白、赭诸色。颜料皆为矿物颜料。施色方法：先涂一层明胶，再涂白色打底，而后彩绘；也有的不打白色底而直接彩绘。专家们认为："秦俑作者的确已掌握绘塑结合的艺术技巧，取得了绘塑相得益彰的艺术魅力。"

秦兵马俑

> **知识链接**

釉上彩技术

铅釉陶器创制成功是西汉时代对陶瓷工艺的杰出贡献。对陶瓷制品，人们首先见到的就是釉，色彩鲜艳的釉陶比普通陶器更吸引人。坯与釉的不同，主要是釉料在烧成时高温的作用下能完全熔融成液态，冷却后凝为一种玻璃状物质敷于陶瓷器表面。但是釉又不同于玻璃，这是因为釉与制品的胎体发生相互作用形成中间层以致影响到整个釉层。釉层厚度通常只占坯体厚度的1%~3%，但也可改变制品热稳定性、介电及化学稳定性能等一些性质。

西汉时代的铅釉不同于前述商周时代发明的以氧化钙为主要熔剂、氧化铁为着色剂的青釉。铅釉是一种低温釉，以铅的化合物作基本助熔剂，约在700℃左右开始熔融，主要以铜和铁元素作着色剂。这种釉在烧制时，于氧化气氛下铜使釉呈美丽的绿色，铁呈黄褐色或棕红色。采用铅釉可以使制品具有翡翠般的绿色，表面平整光泽，釉层透明清澈。在大约700℃~800℃就可以成釉，适用于烧制釉陶。可是，铅是对人有毒害作用的元素，不宜在饮食用具上使用；加之，低温烧成的釉陶强度低，实用性差，故在古代它主要用作随葬用的明器。在汉代铜釉基础上，唐代发现向其中加入含钴或锰的矿物能得到蓝、紫等各种颜色的低温釉，大大增加了对陶瓷的装饰手段，在此基础上后来进一步创造了各种釉上彩技术。

汉代瓦当艺术

瓦当一般称为"筒瓦头"，即筒瓦之头，最初因有的筒瓦头上有"当"、"瓦"等字样，故名"瓦当"。

瓦当一般为泥质灰陶，用黏性较好、土色纯黄、沙石较少的黄土烧制而

中国古代陶器

ZHONG GUO GU DAI TAO QI

鼎胡延寿保瓦当（汉代）

成。瓦当的发明，是我国在制陶工艺高度发达的基础上，为适应较为成熟的土木结构建筑的需要而产生的。它既是一种实用品，又是一种艺术品，而从其自身所包涵的社会意识形态方面的内容来说，又同时成为统治者宣扬其治国之道的宣传品。目前我国发现最早的瓦和瓦当，出现于西周中晚期的宫殿建筑群遗址下，西周时期瓦当的出现反映了我国古代建筑技术的发达、成熟和独具特色，它是中国古代许多发明创造中的又一独创。使用瓦当不仅可以起到保护屋檐椽头免受风雨侵蚀，加固建筑构件，延长建筑物寿命的作用，同时以其丰富生动的图案、美妙的文字，美化和装饰建筑物，增添了艺术效果。造型精巧的瓦当搭配在规模宏伟的大型建筑物上，构成了极富中华民族特色的建筑模式。

汉代的瓦当有半圆形和圆形两种，基本承袭了秦及以前的瓦当的形制。汉初时流行半圆形瓦当。圆瓦当在汉初与秦代瓦当风格近似，武帝以后形制特点较为明显，陶色为灰色或浅灰色。制作过程是先用模子印制好瓦面，再附着在瓦筒坯上，因此一般没有切痕和棱角，瓦当边轮较宽且平整，瓦面变大，质地明显较秦瓦好。

西汉时素面瓦当较少，饰纹瓦当和文字瓦当较多。饰纹瓦当大多分为图案画和图像画两类，其中图像种类较多，据《陕西金石志》记载，有麟凤、狻猊、飞鸿、双鱼、玉兔、蟾蜍等数十种，构图巧妙，独具匠心。值得注意的是，汉代瓦当图像多是源于现实但又高于现实，通过丰富的想象、巧妙的构思，经过高度艺术夸张，各种形象超脱于现实生活，线条细腻而不繁琐，将汉代自由奔放、质朴浑厚、气势磅礴的艺术风格表现得淋漓尽致，极富浪漫主义色彩，和秦图像瓦当取材于现实生活有所不同。

汉代瓦当主要出土于陕西、山东和河南

卫字瓦当（汉代）

三省，尤其以陕西西安为多。汉代瓦当中较常见的文字瓦当，书法烂漫天真，不拘一格，气韵安定，丰满舒畅，艺术价值非常高。这类瓦当文字的字体阳文比阴文多，篆书比隶书多。文字内容有的为吉语，如"长生吉利"、"长乐无极"、"延年益寿"、"万岁未央"等最为常见。有的是为了标明建筑物的名称，如"长乐"、"未央"、"上林"等。有的瓦当文字表明墓葬名称，如"长陵西神"、"高祖万世"、"殷氏冢当"等。文字结构形式有一个单元结构的，多安排一字，如"卫"、"李"、"冢"等，字的外围笔画适合圆的形状而变，符合图案美的规律；二单元结构多安排二字，如上下结构的"甘林"、"冢上"，左右结构的"千秋"、"万岁"等，体现了图案的对称美；汉代文字瓦当中最为常见的结构形式是四单元，就是将圆分为四部分，每部分安排一字或两字，形成四方连续图案，体现了图案的韵律美；除此之外，还有多单元和无单元结构，如"延寿万岁常与天久长"、"鼎湖延寿宫"、"与华无极"、"千金宜富景当"等，布局根据字的多少而随机应变，活泼生动。汉代文字瓦当可以说是中国文字瓦当中艺术的集大成者，在中文文字线条的依让伸缩中形成了变化无穷的美的旋律，是我国古代瓦当艺术中的珍品。

汉并天下瓦当（汉代）

汉代的瓦当中还常见各种动植物形象。四神是古代传说中的四方神，其中青龙能呼风唤雨，象征东方、左方、春天，为四神之首；白虎象征西方、右方、秋天；朱雀是理想中的吉鸟，象征南方、下方、夏天；玄武是龟和蛇的组合变化图案，象征着北方、上方、冬天。四神同时也被认为是四种颜色的象征，即蓝（青）、红（朱）、白、黑（玄）。西汉中期以后，尤其是王莽时代的青龙、白虎、朱雀、玄武四神瓦当可以说是其中的代表。

四神图案瓦当都有一个乳钉作中心，与厚重的瓦边形成呼应，纹样围绕这个中心感觉上稳定、丰满，动静相生，富丽充盈，视觉庄重。四神瓦当同时不忽略细部的刻画，比如龙的鳞甲、朱雀的羽毛、玄武的龟纹，都十分精美清晰。

汉代瓦当艺术吸收了战国和秦时期的精华，又融进了时代艺术特点，丰

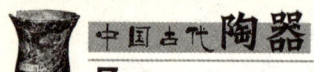

富了中国的古代瓦当艺术，有着极高的艺术成就，对近两千年来的瓦当装饰艺术产生着难以估量的影响。

知识链接

陶器的制作工具、工艺和方法

不同年代陶器的成型和加工工艺都在不断地演变和发展着，从陶器上留下的痕迹就能够充分体现出来。这些痕迹反映着不同的时代和地区特色，如新石器时代，制陶者们只会用手捏塑出一些简单实用的器物，因此器型多不规整，器壁上往往留有指纹的痕迹。后来在实践过程中逐渐摸索出新的手工成型方法，即泥条盘筑法：首先将泥料搓制成泥条，然后一层一层圈起来叠上去，然后将里外抹平，这样就制成了陶器的大致形状，再经过木槌拍打整修器型至成型。如仰韶文化中的小口尖底瓶、瓮、罐之类的大件器型等，在器底的内部都可见泥条盘旋的痕迹。如今的云南傣族、佤族等少数民族地区，仍有采用这种方法制陶的。再后来，制陶工艺有了进一步的发展，出现了轮制法，此法制成的陶器，器型规整，厚薄均匀，器物表面可见圆环状轮纹，尤其在一些新石器时代的陶器内壁上，留有非常清楚的此种轮纹。从出土陶器上的轮纹来看，可以判断我国新石器时代的轮制设备分为快轮和慢轮两种形式。如仰韶文化的某些陶器上，有经慢轮修整而遗有局部的轮纹，轮纹大多出现在器口部分，说明口沿为慢轮修整。龙山文化时期的很多器物有内外同心轮纹可以判断它们是在快速转动的快轮上制成的。再比如同样是黑陶，工艺上却有很大区别，河姆渡的原始先民们创造性地在泥土中加入炭末来减少泥坯的收缩、破裂，使烧成的陶器呈现出黑色，所以有人称之为"夹炭黑陶"；而山东龙山文化和大汶口文化的黑陶则与河姆渡文化的黑陶工艺不同，入窑后以1000℃左右的高温焙烧，在烧窑的后期加进适量的水，窑内因此产生大量浓烟，烟中的炭粒粘附在器物的表面，并且渗入坯体的孔隙，使烧成的陶器呈黑色，这属于掺炭还原焰烧造法。

综上所述，对陶器制作工具、工艺和方法的了解与研究，对鉴别真伪会有很大帮助。

汉代陶器

随着汉代全国大一统局面的形成，全国各地的日用陶器和墓内随葬陶明器的品种与形制，大部分已经趋于相同，但不同地区地方特点也还有些保存。由于汉代城址和居住遗址的发掘较少，所见仍以墓葬随葬的陶器较多。

汉代陶器以泥质灰陶为主，砂质灰陶较少，并有一些红陶与黑灰皮陶。但汉代的烧陶工艺吸取了原始瓷器器表着釉的经验，又创烧了以铜为呈色剂的低温铅釉陶器，因而汉墓中曾有不少绿色的低温铅釉陶器出土。汉代创烧的低温铅釉陶器的应用与推广，为我国后来各种不同颜色低温铅釉陶器的出现与发展奠定了基础。

汉代的日用陶器，炊器以小口、圆腹、圜底、砂质陶釜为主，并有一些大口、斜壁、平底、带镂孔甑。食器有敞口、弧壁、平底或假圈足碗，椭圆形口、双耳杯，高柄、浅盘豆与敞口钵。盛储器有小口、短颈、深圆腹瓮，小口、卷沿、瘦长腹、平底罐，小口、长颈、圆腹、平底或圈足壶，大口、斜壁、平底盆与厚胎缸等。器表装饰有绳纹、弦纹与划纹。

汉墓随葬陶器的数量之多和品种之广，大大超过了以往各代墓内随葬的陶器，其中除一部分实用器，绝大多数均属仿商、周青铜器和漆器烧制的陶明器。在明器中有灰

汉代粮仓陶

陶、红陶、铅釉陶和硬陶等。器类有灶、鼎、釜、甑、豆、钵、杯、勺、罐、敦（盒）、壶、钟、盆、瓮、坛、囷、仓、案等20余种。由于地区和时代早晚的不同，随葬陶器的形制和器类品种、数量也有差别。

　　汉代墓中随葬陶器的组合情况，以中原地区为例，西汉早期墓内多为鼎、敦（盒）、钫、壶或鼎、敦、壶的组合；西汉中期墓内多为鼎、敦（盒）、壶、仓、灶、罐、瓮或加盆与碗的组合；西汉晚期墓葬内除有鼎、敦、壶、仓、灶、罐、瓮等陶器外，并出现了陶井、陶熏炉、陶釜、陶甑、陶灯与陶盘等。东汉早期墓内随葬陶器，除有西汉晚期常见的陶明器，陶鼎和陶敦一类的传统礼器骤减，或有鼎无敦，或有敦无鼎，出现了当时流行的生活用器中的盒、案、耳杯、勺等仿制品的陶明器。东汉中期墓内鼎和敦已消失不见，而家畜、家禽等陶俑较前增多。东汉晚期墓内陶囷较罕见，而乐舞、百戏、楼阁、仓房、磨房、臼房、猪圈却明显增多。其中主要陶器型制的变化是：陶釜为小口、卷沿、圆腹、圜底，底部饰绳纹，但西汉时期陶釜最大腹径偏上，而东汉时的陶釜最大腹径下移。罐为小口、深圆腹、平底，而东汉时又出现了似截去罐下部的大平底罐和双罐相连的提梁罐。壶在西汉时多为口微向外侈、颈细短而腹扁圆、平底或假圈足壶，而东汉时的壶，颈部加粗或稍直，圈足加高。鼎为敛口、带盖、双耳、圆腹、平底或圜底、三马蹄形足，其中西汉时鼎足外侧分素面或作熊形，而东汉时的鼎已大为减少。陶囷为小口圆肩或折肩、深腹、平底或加三足（《说文解字》：方者为京，圆者为囷），唯西汉时的陶囷壁瘦细而较直，多无足，而东汉时囷腹壁略鼓，在足的外侧多作熊形饰。陶井为圆筒形平底，西汉时井栏约在井体上部的1/3处，栏口多印制有菱形、圆圈、涡形图案纹饰；东汉时井栏多与井合并为一体，井身作筒状束腰，上设井架，并带滑轮。陶灶仿实物灶台，西汉时分长方形与方形灶台，灶面有火眼，上置甑、釜等炊器模型，前有灶门，后有烟囱；而东汉时期灶台面加大，周围出沿，火眼上除有釜、甑等炊器，并印有刀、叉、勺等用具形状和鸡、鱼等食品模样，有些灶台底四角加有4个兽足。瓮为小口、短颈、深腹、平底，其中西汉陶瓮有折肩瓮，东汉瓮颈短、近圈沿、多圆腹，最大腹径偏上部。陶奁为直口、带盖、直壁、平底、多加3个兽足，部分奁腹加铺首衔环。陶方盒（樻）为长方形带平顶盖。陶楼阁形式很多，主要出土于东汉墓内，一般都施有低温铅绿釉。随葬陶器表面多饰宽窄弦纹、划纹、印纹、绳纹与彩绘。划纹中可分为斜方格纹、断线纹、连环纹、栉齿纹、点纹、鱼纹等。印纹中有回纹、弧形纹、树纹、三角纹和铺首、熊形雕塑等。彩绘多见于耳杯、盘、碗、筒、斗、奁、方盒和部分壶、罐、瓮的器表,其中有在器表涂朱涂粉和朱绘的,但也有用红、赭、褐、绿、青蓝、黄橙等色从器口到腹部绘制出各种线条几何图案,以及云气与珍禽走兽纹样等。特别是陶壶的彩绘数量比较多,通常是在壶的腹部先涂粉或墨底,再绘出以青龙、白虎、朱雀、玄武为主体的"四神"形象,兼绘云气纹、直线纹、曲折纹、锯齿纹、三角纹、交叉纹、圆点、弧纹、圆圈纹等各种几何图案纹饰。由于线条流畅、配合协调、色彩绚丽美观,有较高的艺术价值。

长江中游的两湖地区,是战国时期楚国的统治中心地区。到了汉代虽然陶器的品种与形制和中原地区更加接近,但仍保留着某些原有的传统特征。长江一带汉代墓内出土的陶器常见的品种有鼎、釜、甑、碗、盆、盒、壶、罐、盉、灶、仓、井、屋、熏炉等。其中胎质坚硬的壶、罐与熏炉等可能为实用器,其他都是专为随葬而烧制的明器。西汉前期的墓内多鼎、盒、壶、罐等。西汉中期至东汉又增添了碗、盆、釜、甑、盉、长方炉和博山炉等陶器,陶钫较前明显增多,并出现了灶、仓、井、屋等明器和猪、狗的陶俑。陶鼎到了东汉已很少见。罐为小口、沿外侈、圆腹、平底。西汉时的罐多凸圆肩、小平底,东汉时多溜肩、平底加大,还有五联陶罐,小口、折沿或卷沿、深弧腹、平底罐和器表饰印方格纹的硬陶罐。陶盒为两个陶碗相扣合。陶壶为小口、长颈、深弧腹、圆鼓、平底或高圈足,其中西汉多平底,东汉多圈足。陶炉为长方形,四肥胖蹄足,并有小口、外侈、长颈、圆腹、双鼻、平底或圈足的硬陶壶,壶的表面多饰方格纹、波浪纹与弦纹等。陶钫为小方口、长颈、深腹、四棱体,下加四棱形圈足。陶井为小口、折沿、深腹、平底、圆筒形。陶器表面饰有弦纹、划纹、几何形图案纹、暗纹与彩绘,充分显示出楚文化的传统灰陶器与硬陶器的特点。

岭南地区是古代南方各族的杂居区,东周以后因受楚文化和中原文化的较深影响,该地区汉代的陶器也有鼎、釜、甑、罐、瓮、瓿、壶、钫、盒、碗、盆、豆、熏炉等,在同类陶器中又有许多变形的同类器。如罐一般为小口、短颈、深腹、圆鼓、平底,其中也有双耳罐、双联罐、五联罐、三足罐等。壶为小口、长颈、圆腹、平底,其中又有温壶、匏壶。盒(亦称敦)为大口、扁圆

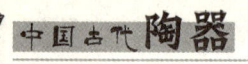

腹、平底，其中有大盒、小盒、三足盒、四联盒等。瓿可分大瓿、小瓿、三足瓿等。这种三足器和双联、多联陶器的形制特殊，具有明显的地方特点，它们既可作实用器，也可作墓内的随葬品。墓内随葬陶器的组合形式，多为瓮、罐、釜、甑、鼎、盒、壶、钫、瓿、三足盒、三足罐（或联罐）、井、灶、仓等。其中瓮、罐、釜、甑和瓿、三足盒、三足罐或联罐等，显然具有浓厚的地方特征。而鼎、盒、壶、钫等则是中原地区流行形制。井、仓、灶等陶明器，为西汉中期以后在岭南地区才开始出现，西汉晚期与东汉又大为盛行。

岭南出土的汉代陶器中，大部分属于硬陶，少部分属于灰陶，硬陶表面多饰印方格纹和许多种几何形图案纹。鼎、壶、钫、甑等陶器多为素面，另有划纹、弦纹、绚纹、镂孔、篦纹等，并有一些陶文符号。

云南、四川等地，自古以来就是我国少数民族聚居的地区之一，这一带的汉墓中，曾出土有类似中原地区的小口圆腹圜底陶釜，敞口束颈圆腹平底陶壶，也有铅绿釉陶器等。另有罐、灶、釜以及陶俑。

新疆出土的汉代陶器，如罐、壶、盒、瓿等器型和中原地区部分陶器有着相似之处，表明中原地区汉文化对该地区有着广泛的影响。

知识链接

陶器的胎体颜色和胎质粗细

研究陶器和瓷器一样，也要重视胎质，胎质的粗细与羼和料都是鉴定陶器的依据。比较陶器分析胎体的颜色是鉴定古陶器的重要手段，各个时代因原料用法不同，陶器的颜色也不一样。根据实践经验，秦以前陶器以灰色为多，汉代以青色为多，隋以后陶器以白色、绿色为多。有些器物尽管在外形、纹饰上比较相似，但对比陶胎之后，就很容易找出两者之间的差异。如商代白陶的胎质和器表都呈白色，质地坚硬，洁白细腻。西周陶器胎质以泥质灰陶和夹砂灰陶为主，也有少量的夹砂红陶、泥质黑陶和泥质红陶。春秋前期的陶器以泥质灰陶为主，但陶质比西周时期的更为细腻，后期以泥质和夹砂灰陶为主，但陶质变得粗疏。如果掌握了有关陶器胎质的专业知识，仅从胎质上就可以分辨出商代、西周和春秋前后期的陶器的时代性。

汉代低温铅釉陶器

汉代时期创烧的低温铅釉陶器是我国陶瓷工艺中一项重要的杰出成就，它的发明为后期创烧各种色彩的陶瓷奠定了扎实的基础。据有关资料表明，这种低温铅釉陶器在陕西关中地区首先发现，但在汉武帝时期的墓址中仍很少发现。大约到汉宣帝以后，这种技术才开始有了比较快的发展，在当时关东的河南地区也有了不少发现。发展到了东汉时期，这种低温铅釉陶器技术流行地域十分宽广，西至甘肃，北达长城，东扩山东，南抵湖南、江西等地。

汉代时期的低温铅釉陶器不仅有着翠一般美丽的绿色，而且其釉层晶莹剔透，釉面光泽亮丽，工艺严谨，十分可人。但是，在众多汉代时期的墓址中发现的各类低温铅釉陶器均为明器，至今未见有日常实用器物，这极可能与此类低温烧成器物不能成为实用器有关。汉代时期的低温铅釉陶器除了鼎、盒、壶、仓、灶、井和家畜圈台外，还有楼阁、池塘、碉楼等各类模型明器。因为众多出土的低温铅釉陶器表面有一层银白色金属光泽的物质，所以又有人称这为"银釉"。许多年来人们对于银釉成因的解释众说纷纭，各有不同。有人认为这是由于棺中的朱红变成水银粘附在陶器表面而成；有人认为是由于铅绿釉中的铅分子以金属铅的形式在釉面上渗出所至。日本一位学者认为这种釉类似云母之物，由于硅酸盐玻璃的釉发生变化而使之具有与云母相似的物理性质。中国科学院上海硅酸盐研究所的专家对此进行试验研究认为，银釉是铅绿釉表面的一层半透明衣罩，如用刀片在釉面上轻轻一刮，这层银釉就会被刮下，而衣下面仍是铅绿釉。他们在显微镜下发现这一层衣呈层状结构，与云母结构十分相似，其层次多少不同，少者仅几层，多者可达20多

汉代低温铅釉陶器

层,每层的厚度仅约3微米。X射线和岩相分析表明,这层衣为非晶态均质体。在化学组成方面它含有与基底铅绿釉基本相同的化学元素。为此,这类银釉现象一般都在比较潮湿的墓葬中才能出现,而在比较干燥的地方很少发现这类银釉的陶器。实际上这层衣是一层沉积物,当铅绿釉处于潮湿环境之中时,由于水和大气的作用,釉面受到轻微溶蚀,而溶蚀下来的物质连同水中原有的可溶性盐类在一定条件下就在铅绿釉层表面和纹缝中渗出。但这层沉积物与釉面的接合并不十分紧密,所以水分仍可进入两者间的空隙中,并继续对釉面进行溶蚀,经过较长时间后,它又重新渗出一层新的沉积物。如此反复进行下去,层次就逐渐增多,当达到一定厚度时,由于光线的干涉作用,就产生了银白色的光泽。

　　我国的铅釉是我们自己独立地创造出来的,正如陶器发明一样。陶器不是由某一个地方首先发明而后再传往世界的,而是各地人民在长期的生活实践中各自独立创造出来的。凡是有人类居住的地方,具备原料和燃料这些必要的条件,差不多都会制造陶器,应该说铅釉的发明创造也是这样的道理。低温铅釉陶器的发明和推广是汉代劳动人民对中国陶瓷工艺发展史上的一个重大贡献。由于铅釉的折射指数比较高,高温黏度比较小,流动性比较大,溶融温度范围又比较宽,其熔蚀性又比较强,因而可避免石灰釉和石灰碱釉中常见的"橘皮"、"针眼"等缺陷,同时釉层中无气泡和残余晶体的存在而使釉层透明晶亮,平整光滑,富有装饰感。正是有了这些创新和发明,才有了至唐代那么绚丽多彩的三彩陶器的出现。唐代工匠在铅釉中加入少量含钴或含锰的矿物质,生成了蓝和紫等各种不同色彩的低温釉,烧制出许多令世人叫绝的唐三彩陶器,从而写出我国陶瓷史上新的一章。

汉代陶塑

西汉初期的陶塑以西安任家坡及咸阳杨家湾出土的彩绘侍女俑和骑马俑最为精彩。任家坡汉陵的侍女俑有的抱手胸际,膝盖跪地,脚掌向上,作臀压脚上的静坐姿势;有的双手平握,拳眼上下相对,作拥物待立状态。这些侍女俑表面施有白色陶衣,用黑褐、深绿、土黄、大红和粉白,随类着色。人物面庞丰满,衣着华丽,比例匀称,体态端庄,富有个性,充分显示出当时宫廷侍女的形象,实为一批不可多得的汉代时期的陶塑精品。咸阳杨家湾出土的大批步兵俑和骑马俑更是这个时期的陶塑珍品。其中骑马俑的大小基本相同,各着红、白、绿、紫等彩色服饰,有的还披有黑色铠甲,一手握缰绳,一手举兵器。所骑陶马则有大小两种,有的静立而有的昂头嘶鸣。武士立俑都作右手握空拳半举,左手握拳下垂作举物状,个别的还握有残段的铁棍。在 2000 多件陶俑中还有一些舞乐俑。这些陶俑作品充分反映了当时为了对付匈奴的南侵,积极建设骑兵的历史,同时也反映了汉代陶塑的艺术成就。

秦灰陶武士俑

中国古代**陶器**
ZHONG GUO GU DAI TAO QI

秦灰陶武士为泥质灰陶。陶俑面向左侧，双目有神，颈长，肩宽，挺胸，右腿弯曲，膝部着地，左腿蹲曲，左足蹬地。身穿战袍，披铠甲，有护腿，足穿方口齐头鞋。实为秦制陶业的奇迹。

西汉后期，反映追求生活的各种陶塑，甚至表示地主阶级所拥有财富的奴婢和家畜等等陶塑都在墓葬中出现。到了东汉时期，陶塑的题材更加广泛，出现了反映贵族和庄园地主生前享用的庭院、楼阁、禽畜、舞乐百戏、生前玩好等陶塑明器。此外，陶塑动物也十分成功，四川绵阳出土的陶马、陶狗，成都羊子山出土的高达1.5米的驾车陶马，都可以代表当时陶塑艺术的成就。

汉彩绘说唱俑

汉彩绘说唱俑为泥质灰陶。头着帻，袒上身，赤足穿裤，坐于圆垫之上，两臂戴有饰物。左手挟肩扁鼓，右手操桴作欲击状。右足随势上扬，其嬉笑的神情，矮胖的身姿，惹人喜爱。

汉代墓葬陶器

汉代时期墓葬陶器的数量之多、品种之广，大大地超过了前期各代随葬陶器。其中除部分为生活实用器外，大多数属仿商周时代青铜器和漆器烧制的陶明器。这些陶明器中有灰陶、红陶、铅釉陶和硬陶等。陶器类型大致有灶、鼎、釜、甑、豆、钵、杯、勺、罐、敦、壶、锺、盆、瓮、坛、仓、案等几十种。由于地区和时代早晚的不同，其形制和器类品种、数量等也有着差别。

在我国中原地区，西汉早期墓中多为鼎、敦、壶、钫或鼎、敦、壶的组合；西汉中期数量增加为鼎、敦、壶、仓、灶、罐、瓮或加盆与碗的组合；到了西汉晚期除有鼎、敦、壶、仓、灶、罐、瓮等陶器外，出现了井、熏炉、釜、甑、灯与盘等类型的陶器。东汉早期除了西汉常见的陶明器，陶鼎和陶敦一类的礼器数量见少，或有鼎无敦，或有敦无鼎，新出现了仿制当时流行的日用品如盒、案、耳杯、勺等的陶明器。到东汉早期鼎和敦基本消失，而家畜禽之类的陶制品明器较前增多。东汉晚期陶囷比较罕见，而乐舞、楼阁、仓房、猪圈等明显增多。

长江中游两湖地区至汉代陶器的形制与品种和中原地区的有些接近，但还是保留着许多原有的传统特征。其出土的品种有鼎、釜、甑、碗、盆、

汉青釉弦纹罐

盒、壶、罐、盉、灶、仓、井、屋、熏炉等。其中胎质坚硬的陶壶、陶罐和陶熏炉等可能是实用器，其余胎质疏松、制作粗糙的是一些陶明器类。西汉前期多见鼎、盒、壶、罐等。西汉中期至东汉又增碗、盆、釜、甑、盉和长方炉、博山炉等陶器，陶钫也明显增多，并出现灶、仓、井、屋、猪、狗等陶明器。陶鼎到了东汉基本不见。

岭南地区是古代南方各族的杂居区，东周之后受楚文化和中原文化的影响比较深远，其陶器类型同样有鼎、釜、甑、罐、瓮、瓿、壶、钫、盒、碗、盆、豆、熏炉等。而且在同类陶器中又发现许多变形的器物，如陶罐类出现双耳罐、双联罐、五联罐、三足罐等；陶盒有三足盒、四联盒等；陶瓿分大瓿、三足瓿等。这种三足器和双联、多联陶器的形制比较特殊，在当时既可以作实用器，也可为随葬器。

汉青釉鼎

长沙地区是南楚的故土，由居住在楚国境内长江流域的蛮人、淮河流域的夷人和被征服的华夏诸国人经长期的生活交流，融合为带有巫文化色彩的楚国文化。秦到汉初当地陶器较多地保留着许多原有的传统特征。汉墓中常见陶盒并取代了陶敦的位置和作用。陶壶无盖，鼎足矮胖，这些都为明器类。而一些陶质坚硬的陶壶、陶罐、陶熏炉等就是生活实用器。到西汉后期长沙归于中

央统治后，陶器也发生明显变化，除前期流行的矮足鼎、盒、壶、罐之外，增加了碗、盆、釜、甑、盉、长方炉和博山炉，其中陶钫数量明显增多，灶、仓、井、屋、猪等陶制模型明器开始出现。

西南边疆滇蜀等地自古就是少数民族居住的地区，由于交通闭塞等因素，陶器型制也有特浓的地方特色，到汉代时期当地仍流行牛眼双耳黑陶罐之类的器物，但也发现有与内地文化交流的现象。在这地区曾出现在关中一带流行的陶质茧形壶，与中原地区相似的陶壶，还有造型优美、形态自然的舞俑、抚琴俑等各式陶俑，并发现中原地区西汉时期开始流行的铅绿釉陶器。在昭苏县西汉的乌孙人墓中出土的陶罐为圆唇小口鼓腹，为内地汉代时期常见器型，这足以证明，当时的汉族人民与兄弟民族之间密切的往来和广泛的文化交流。

第二节 魏晋南北朝陶器

魏晋后期陶制明器

三国两晋南北朝时期，南方和北方的制陶业亦有不少差别。在整个六朝时期，南方陶业都有一定发展，尤其是陶制明器。在孙吴和西晋时期，明器器型有谷物加工工具、生活用具、家畜家禽等；陶胎多为红色，外施一层棕黄色的薄釉。东晋以后，庄园经济在南方得到较大发展，器型以仪从车马为主，其他明器逐渐衰退。六朝日用陶器出土较少，除了缸外，多是火候较低、质地疏松的灰陶，与前代实用硬陶明显不同。陶缸在浙江上虞和江苏南京发现较多，一般高约80厘米，口径40厘米，底约30厘米左右，胎色青灰，外施一层黑褐色釉。由于制瓷技术的发展，除了大型特别器物外，一般生活用陶已退居次要地位。在北方，三国两晋陶业都远不及汉代发达，民间流行的陶器多为火候较低、质量较差的灰陶。北魏之后，汉代发明的低温釉陶始才复苏、流行，品种花色较前代有所发展，釉色更加鲜亮，黄、绿、褐等多种色彩并用，由汉代的单色釉发展为多色釉，为以后唐三彩的出现打下基础。

此后，由于瓷器的流行，从工艺角度看，中国的制陶业完全衰落，除了唐三彩器和紫砂器之外再无值得一提的亮点。

北朝陶俑

这个时期的陶俑也以北朝为优。而前期都显得比较缺乏创造，生硬、呆板、粗劣、没有生气，比之东汉陶俑艺术不仅没有突破，而且显得落后退步。不论北方和南方，都很不足。只有北朝陶俑较为突出，一改沉闷、拙劣的风气，变得生动、丰富起来。北朝陶俑注意自然比例，讲究人物刻画，吸收了佛教造像的雕刻艺术手法，使技巧日益提高，表现力大增。各种人物造型，神形兼备，各具特点，达到了较高的水平。陶塑的娴熟技巧，当然也反映在动物模型的雕塑上，最突出的是马和骆驼。陶马的造型在汉代已日臻完美，北朝陶马继承发扬了这些优点，刻画更细致、生动。陶骆驼以北朝为先，一开始出现就表现了不凡的气魄，而且迭有发展和创新，可能是北朝人对骆驼的造型格外注意，几乎每一件陶骆驼作品，都颇有特点，各具匠心和新意，都是很出色的陶塑艺术品。

北朝陶俑与汉代陶俑有所不同，在内容上，它出现了一些定型的人物模式，如文官俑、武士俑、男女侍俑、仪仗俑等，各有鲜明的装束和神态，而且开始出现了外族人物形象，特别是甲马甲骑武士的造型，反映了北朝陶俑的一些时代特点，还有伎乐俑也是新出现的题材。其中，文官、武士俑的形象，模式化的倾向很明显。武士皆凶猛威武，昂首怒目；文官文吏均温文尔雅、拱手而立。而侍女俑一

北朝陶俑

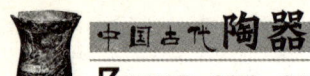

般都体态婀娜,清秀文静。

镇墓兽的出现,也是陶塑中的重要内容,它始于北朝。一般多形象凶煞恐恶,具有威慑作用,守护墓门,镇邪压祟,充满了神秘诡怪的气氛,让人不寒而栗。从分类上说,镇墓兽应该作为陶俑看待,它和一般的陶动物不同,不是墓主人的动产,有时它还有人面兽身的造型,因而作为特殊的俑来对待较宜。镇墓兽开始还比较简单,后来才逐渐越来越凶恶和复杂。这种特殊的造型,具有特殊的审美价值,其中也不乏优秀的传世之作。

北魏陶器

北魏时已开始使用琉璃制品于建筑中,这代表了魏晋南北朝时期陶器发展的一大成就。在砖瓦艺术上,这时和汉代有所不同,汉代盛行的空心砖,已趋于绝迹,代之为长方砖,较普遍地使用,一般长约35厘米、宽17厘米、厚5厘米左右,表面有纹饰,见有钱纹等,还有多块砖拼砌而成画面的组合画像砖。瓦一般是素面,和汉代的绳纹瓦迥异。瓦当流行莲花纹,也有吉祥文字,有的带有纪年题记。在北朝除莲花纹瓦当最多外,还有兽面纹瓦当,有的地方也见有文字瓦当。在许多重要的城址里,所见砖瓦的种类还比较多样,但一般仍以素面砖瓦为主,也有绳纹砖。有不少砖瓦上刻有文字题记,这是很重要的文字资料,有的是断代的可靠依据。在艺术性上,这个时期的砖瓦稍逊于秦汉时期,但还是有自己的特点,尤以有关城址出土的砖瓦和一些重要墓葬出土的画砖具有代表性,反映了此间砖瓦艺术的时代特性。

第四章

隋唐与宋元明清陶器

　　封建社会中后期，制陶技术继续发展，陶瓷业也随之取得了巨大的成就，尤其突出的就是唐代的唐三彩的盛行。宋代以后，瓷器已经发展到鼎盛阶段，它对陶器的冲击是不言而喻的，苟延残喘之际的陶器适应这种形势，一些有着特色的地方陶器，因为有着民间的需求，因而相应地有所发展，有的还日益站稳，成为地方特色的传统商品。

第一节 隋唐陶器

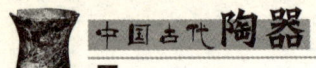

隋代陶器

隋代文化是中国文化经过长期酝酿开始进入鼎盛时期的序曲。隋代陶器以白土陶胎敷青白色釉的作品为多,彩绘陶已很普遍,男女乐俑及驼马的造型十分生动,建筑模型也十分逼真。如"安阳窑彩绘陶房",1931年于河南省洛阳市出土,现藏河南省博物馆。器高76厘米,面阔53.3厘米,进深65.3厘米。面阔三间,九脊翠檐,歇山顶,施红、黄、蓝彩绘。正面明间辟门,次间开直棂窗,窗上有对称的木刻佛像,跏趺坐于菩提树下。其他三面为实榻大门,门扉上均有门钉、铺首和鱼形拉手。有檐柱、角柱、斗拱,楣上置阑额、挑拱以承房顶。房顶正脊两端置鸱尾,垂脊与敛脊前端饰虎头。房顶有叠瓦脊。此房为佛教殿堂,与日本同时代的法隆寺金堂大殿、五重塔等建筑相似,反映了隋代建筑的风貌,也是中日文化交流的物证。

陶瓷巅峰作品:唐三彩

唐三彩是一种盛行于唐代的低温铅釉陶器,以黄、褐、绿为基本釉色,在色釉中加入不同的金属氧化物,经过焙烧,便形成浅黄、赭黄、浅绿、深绿、天蓝、褐红、茄紫等多种色彩。后来人们习惯地把这类陶器称为"唐三彩"。唐代是中国封建社会的鼎盛时期,唐三彩以色泽精美艳丽、造型生动逼真和富有生活气息而著称于世,生产历史有1300多年。

第四章　隋唐与宋元明清陶器

唐三彩的胎体是用白色的黏土制成，制作工艺十分复杂。开采来的矿土首先要经过挑选、舂捣、淘洗、沉淀、晾干后，用模具作成胎，然后入窑烧制。唐三彩的烧制采用的是二次烧成法。陶胎先入窑内经过1000℃~1100℃的素烧，将焙烧过的素胎经过冷却，再施以配制好的各种釉料入窑釉烧，其烧成温度为850℃~950℃。在釉色上，利用各种氧化金属为呈色剂，在煅烧过程中发生的化学变化，使其斑驳陆离、互相浸润、花纹流畅、色彩自然协调，色釉浓淡变化，在各种色彩的相互辉映中，显出堂皇富丽的艺术魅力，是一种具有中国独特风格的传统工艺品。唐三彩主要作为明器用于随葬，因为它的胎质松脆，防水性能差，实用性远不如当时已经出现的青瓷和白瓷。

唐三彩器物形体圆润、饱满，与唐代艺术的丰满、健美、肥硕的特征是一致的。唐三彩的特点可以归纳为两个方面：首先是造型，器型丰富多彩，有人物俑、动物俑、建筑模型和生活器皿等，其中尤以动物居多，而动物又以马和骆驼为最，其中有许多极为优秀的艺术珍品。其中马的造型与一般的工艺品的造型有所区别，与其他时代出土的马的形象也有所不同。首先它的造型普遍比较肥硕，据说这个马的品种是从当时西域进

三彩女立俑（唐代）

贡过来的，所以和我们现在看到的马的形状有点不同，马的臀部一般都比较肥，颈部比较宽。唐代马的造型以静为主，但是静中带动，通过眼和耳朵等部位的刻画，来表现唐马的内在精神和韵律。

唐三彩的人物和动物形象形态自然，线条流畅，比例适度，鲜活生动。在人物俑中，武士怒目圆睁、剑拔弩张、肌肉发达；女俑则高髻广袖、娴雅悠然、形体丰满。唐右卫大将军墓中曾出土一件骆驼载乐俑，这匹骆驼通体棕黄色，昂首伫立，从头顶到颈部，柔丽长毛从下颌延伸到腹间以及两前肢

中国古代陶器
ZHONG GUO GU DAI TAO QI

三彩罐（唐代）

上部。骆驼背上架有平台且铺着毛毯，平台上左右各背对背坐着吹打乐器的胡乐俑二人，中央有一俑翩翩起舞。三个乐俑皆络腮胡须，深目高鼻，身着绿色长衣，白色毡靴，前面一人穿黄色通肩大衣。此件骆驼载乐舞俑工艺精美绝伦，有着很高的艺术价值。唐三彩产于西安、洛阳等地，是陆上和海上丝绸古道的联接点。唐代古丝绸之路的主要交通工具是骆驼，所以唐三彩中经常出现骆驼的形象，它们形态高大、神情坚毅，寄托了人和骆驼之间特殊的亲密感情。

唐三彩的另外一个特点是釉色。在一件器物上同时使用红绿白三种釉色，属唐代首创，同时工匠们又巧妙地运用交错施釉的方法，使红、绿、白三色相互错落，再经过高温烧制，釉色又交汇融流形成独特的工艺效果。出窑以后，原本的三彩已经变成了很多的色彩，不但有原色还有复色，斑驳陆离地呈现在人们眼前，形成了唐三彩釉色的特点。

唐三彩的生产在初唐、盛唐时达到高峰。初唐就输出国外，以它斑斓釉彩，鲜丽明亮的光泽，优美的造型著称于世，深受各国人民的喜爱。安史之乱后，唐王朝逐渐衰弱，加之瓷器的迅速发展，三彩陶器的制作也逐步衰退。后来虽出现了"辽三彩"、"金三彩"等，但在质量、数量以及艺术成就方面，都已经远远不及唐三彩。

唐三彩

第四章　隋唐与宋元明清陶器

1905年，陇海铁路西段，开封至洛阳的汴洛铁路开始修筑，铁路修至洛阳城北的邙山时，发现了不少古代的墓葬，在大批的唐代墓葬中，出土了为数可观的各种随葬物品，其中就包括大量的唐三彩。

因为在此之前，人们对唐三彩一无所知，所以这些早期出土的唐三彩遭到冷遇。许多人因为它的随葬品身份避而远之，或将之击碎，或听任其流失。这些唐三彩被古董商运到北京市场，往往被外国人收藏，不少精品至今流散在国外。最早关注唐三彩的国内学者有王国维、罗振玉等人，由于他们的重视和研究，国人才开始认识唐三彩的价值。

在此之后，洛阳地区不断有唐三彩出土。邙山以外的地区也陆续出土唐三彩，如洛阳市南的关林、龙门和洛阳市西的谷水一带，都有出土，其中洛阳市内出土唐三彩的地点就多达20处以上，所出三彩数量至少有500件。洛阳龙门的安菩墓，一次就出土三彩制品100多件。巩义市芝田镇，发掘了60多座唐墓，出土了1000多件三彩制品。

陕西的西安地区是后来出土唐三彩最多的地区，仅建国后，就出土了一千多件唐三彩。比较出名的有20世纪60—70年代发掘的乾陵陪葬墓，出土了以唐三彩为代表的文物4千余件。其中，天王俑、镇墓兽、文臣俑、武士俑以及三彩碗、三彩盘等生活器皿，都是唐三彩中的精品。

唐三彩的盛行，有着深刻的历史背景和社会原因。唐代是我国历史上最为强盛的朝代之一，它处在当时世界文明的中心，唐都长安是当时的世界性大都市。唐初至开元前期，政治相对稳定，经济空前繁荣，文化艺术昌盛，国力的强大促使了各方面的发展，陶瓷业也随之取得了巨大的成就，唐三彩的出现就是这个时代的产物。

从技术角度分析，早在秦代，兵马俑的出现已经为人物俑和动物俑的雕塑和烧制做了工艺上的准备；到了

唐三彩：仕女图

汉代，釉陶中更有不少造型端庄大方、釉层清澈透明、釉面光彩照人的绿釉器皿和动物俑。单色釉技术经过几个世纪的发展，已经孕育了新的突破。这样，从塑造、烧制、配釉技术的逐步成熟，已经为唐三彩的出现做了最好的铺垫。

　　同时，唐代经济的发展，也进一步导致了上层生活走向奢侈和豪华。这种追求奢华、讲究排场的社会风气，不仅反映在贵族豪门生前的奢侈、豪华的生活方式上，而且反映在自上而下的厚葬风气，上自王室成员，下至士大夫阶层乃至平民百姓，都流行以唐三彩陶器陪葬的习俗。这种厚葬之风，使唐三彩的烧造有了极大的社会需求，从而使唐三彩的数量剧增和质量不断提高，以至出现了一个墓葬出土几百件唐三彩的情况。

　　另外，由于唐代的对外开放和贸易的发展，唐三彩陶器有着十分广阔的海外市场。至公元9世纪，唐三彩陶器开始向外输出。由于政治经济的发达，致使各国商贾有的漂洋过海、有的沿着"丝绸之路"来到长安、洛阳和扬州等地，把包括唐三彩在内的商品运回自己国家。根据外国考古发掘资料，在不少国家的许多地方已发现了唐三彩的踪迹。在朝鲜半岛和日本就有大量唐三彩陶器发现，尤其是日本奈良的大安寺遗址、福冈县遗址等发现了唐三彩壶、瓶、罐、枕等不同造型的器物和陶片。而亚洲的伊拉克巴格达北面的萨马拉和伊朗的内沙布尔等地，非洲的埃及开罗南郊的福斯特等处也发现了唐三彩器物和陶片，可见唐三彩的影响之广。

　　唐三彩的研发、生产始于唐初，其间经历了由初创走向成熟时期、高峰时期和衰退时期三个历史阶段，这三个阶段与唐代的重要历史时期划分即初唐、盛唐、晚唐大致相同。

　　公元7世纪初到8世纪即武德年间至武则天执政以前，是唐三彩漫长发展过程中的初创时期。此时的产品多为单一色釉而并非色彩斑斓的三彩陶器，种类也少有变化。这个时期的产品以陕西礼泉县唐太宗时代的名将张士贵墓出土的釉陶器和郑仁泰墓出土的彩绘釉陶器为代表。但这两墓出土的陶器还不能算作典型的唐三彩陶器，而研究表明，这个时期唐三彩已经开始烧造了。

　　第二阶段是武则天称帝到唐玄宗统治时期，即公元8世纪初到8世纪中叶，这一阶段包括开元天宝和整个盛唐时期。随着唐朝国力的兴盛，唐三彩也进入鼎盛时期。因为经济的发展，厚葬之风随之滋漫，无论皇亲国戚、文武大臣还是平民百姓，陪葬的物品中大多都有唐三彩。现今所见的唐三彩陶器，很大一部分都出于这一时期，其烧制数量之多及质量之精，代表了唐三彩烧造的最高水平。

公元 8 世纪中叶到 10 世纪初，"安史之乱"导致了唐王朝政权的动摇，经济严重衰退，典章制度和厚葬之风甚嚣尘下，唐三彩的制作也随之进入了衰退期，随着唐政权的消亡，唐三彩也结束了它的历史进程。

唐三彩的制作工艺十分复杂。首先要将开采来的矿土经过挑选、舂捣、淘洗、沉淀、晾干后，用模具作成胎入窑烧制。唐三彩的烧制采用的是二次烧成法。从原料上来看，它的胎体是用白色的黏土制成，在窑内经过 1000℃~1100℃的素烧，然后将焙烧过的素胎冷却，施以配制好的各种釉料，再次入窑焙烧，其烧成温度为 850℃~950℃。在釉色上，利用各种氧化金属为呈色剂，经煅烧后呈现出各种色彩。

釉烧出来以后，有的人物需要再开脸，所谓的开脸就是人物的头部是不上釉的，然后画眉、点唇、画头发。

目前，中国境内已发现的唐三彩窑址有四处，除巩义黄冶窑址外，还有陕西铜川黄堡窑、河北内丘西关窑和陕西西安机场窑。

以黄冶唐三彩窑址为例。窑址位于河南巩义站街镇的大、小黄冶村，西距巩义市区 5 公里。它坐落在洛水支流黄冶河两岸阶地上，总面积约 16 万平方米。总共清理出的 6 座唐代窑炉，有 5 座保存完好。窑炉平面近似马蹄形，由工作面、窑门、火膛、窑室、隔火墙、烟囱和护墙七部分组成。窑室依台地而建，先挖出一个长方形土坑，然后用土坯垒砌窑壁，在窑壁上抹上一层耐火泥，火膛部分位于台地下端，

唐三彩：骆驼图

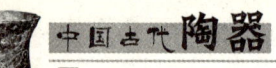

使用耐火砖垒筑而成。为了防止窑炉崩塌，往往还会在火膛耐火砖墙体外侧，用鹅卵石堆砌成护墙。

巩义黄冶窑址唐三彩窑炉和作坊的发现，再现了唐三彩的制作工艺流程，使我们对唐三彩制品的成型、装饰、烧成等工艺过程有了更加全面的了解。窑炉和作坊区毗邻，便于搬运装烧器物，减少了器物在运输途中的损坏。这里的作坊面积较大，可以满足多个辘轳同时制作；并列建窑，并且共用一个窑前工作面，表明当时唐三彩烧制已经初具一定的规模。唐三彩窑炉平面呈马蹄形，仍然属于中国北方地区唐宋时期常见的半倒焰式馒头窑，但窑室面积大多较同期的瓷窑稍少。发掘区没有发现匣钵且窑床上普遍遗留有彩釉滴痕，从这两点来看，唐三彩应是裸烧而成。据合理推测，为了防止木柴燃料的落尘和最大限度地利用窑室空间，装烧时先在窑床上放置底层器物，然后竖起多个圆形支柱，上置一块块长方形耐火垫板形成隔层，隔层上再放置一层器物，如此逐层叠加。炉的沿口、洗的内底上均遗留有3枚支烧痕，可知炉、洗等大件器物上再叠烧其他器物，有的在器内还套烧有小件器物，以此充分利用空间，增加每窑的装烧量。这次出土遗物中，不仅有完整的素胎器物和烧成后的三彩制品，而且有施釉后尚未入窑烧制的半成品器物，充分说明唐三彩是先制坯第一次入窑素烧，再上釉后入窑二次烧成。

知识链接

巧分辨古文字记号与识别陶瓷组合

古陶器在制作过程中，有些会刻、划、印或写有文字在陶器身上，这些内容大多能够表明它的时代、窑口、制作者和使用者等等。因此，陶器上的铭文，也是鉴定陶器的依据之一。不同的时代，书写方法、笔法和部位都有所不同，因此文字学基础好的人利用文字款识来鉴别陶器有很大的优势。

对随葬陶器的组合形式进行断代，也是对古陶器判断的一个依据。如

第四章 隋唐与宋元明清陶器

洛阳地区发掘的战国早中期墓葬里,最常见的陶器组合是鼎、豆、壶;晚期豆被淘汰,陶器组合改为鼎、盆、壶。但也要根据具体的历史状况来灵活运用,比如战国时期各诸侯国纷争称雄,以及各国历史传统和民俗风情不同,各地墓葬出土的陶器组合也会有一定的差异,因此利用陶器的组合来断代只能作为一个参考条件,起到一些辅助作用。

唐三彩的主要分类和代表作品

从造型上唐三彩一般可以分为动物、生活用具和人物三大类,而其中尤以动物居多,这大概和当时的时代背景有关。在我国古代,马是人们重要的交通工具之一,争战、耕田、交通运输都需要马,所以出土的唐三彩多以马为象,其次就是骆驼,这可能和当时中外贸易有关,骆驼是长途跋涉的交通工具之一,且丝绸之路沿途的运输尤以骆驼为主。所以说,匠人们便把这些反映在工艺品上。而人物中以宫廷侍女居多,反映了当时的宫廷生活。

三彩马从造型看,大致可以划分为五类。

一是奔马俑。如腾空奔马俑,1966年于西安出土,现藏西安市文物管理处。唐代三彩雕塑者抓住了奔马四蹄腾空一瞬间的姿态,塑造了一匹极其生动的三彩马,有着十分强烈的视觉效果,让人回味无穷。奔马俑在出土彩绘陶器中屡有发现,但在出土唐三彩中却非常罕见。据现有资料显示,国内馆藏三彩器中挂蓝釉腾空骑马俑仅此一件,国外尚未发现有此类型的三彩马俑。

二是提腿马俑。唐三彩提腿马俑通常是三蹄落地,右前蹄抬起。这匹挂蓝釉三彩马的构思非常之精妙,三蹄踏于三角形底板之上,前腿直,后腿弓,右前腿略微抬起,腿部肌肉突显矫健。唐代匠师准确地抓住了马的特点,塑造了一匹异常健美的战马形象。

三是马上人俑。马上人俑是唐三彩马中的重要品种。三彩马上人俑的坐骑一般都采用立姿,而马上人则多姿多态,既有狩猎射箭者,又有打马球者;

唐三彩：人马俑

既有胡人，也有汉人；既有男人，也有女人。马上胡人通常都是深目高鼻，络腮胡子，面容粗犷，肌肉发达，显现出强悍豪放之气。马上女俑则衣着华丽，发髻高耸，体态丰腴，婀娜多姿。

四是马拉车俑。在三彩马俑中，马拉车俑较罕见。拉车马体形并不大，但造型格外逼真。马头高昂，双目圆睁，仰天长啸，同时马尾上翘，富有生气，即便是一件静态的作品也突显动感。

五是立马俑。立马俑是唐三彩中最常见的品种，即四腿直立于长方形底板之上的三彩马。但三彩立马中也不乏精品。如1959年出土于陕西西安市的立马俑，高40厘米，通体呈白色，伸颈低头，装饰工艺极为精细，任何一处细微处理都一丝不苟，比如整齐的马鬃的纹理，杏叶形的饰片和鞍鞯上的绿边饰等，无一不是如此。

1. 三彩马

马是唐代文化艺术中最常见的题材。三彩马形体硕大、构造复杂，无法用简单的手工拉坯方法制作完成，所以多用模制法成型。虽然是合模制作，但每一匹三彩马都各具特点，几乎找不出完全一样的两只三彩马。从现存的三彩马可以看出，唐代三彩匠师们不仅对马的外貌特征十分熟悉，而且对马的神态气韵也有深入的了解。且塑造起来得心应手。他们不仅使三彩马在外形上十分逼真，而且充分发挥了艺术想象力，恰当地运用了艺术夸张的手法，使马的内在精神表现得淋漓尽致。其精品最常见的是立马俑。

2. 骆驼载乐俑

骆驼载乐俑于1959年6月出土于陕西西安西郊中堡村,骆驼高48.5厘米,昂首直立。驼身为白色彩釉,颈部上下和前腿上部的长毛及尾部均涂以赭黄色。背上垫一块椭圆形的蓝边毯子,上有驼架,架呈平台形。台上又铺搭一块长方形蓝边花格毯。平台上坐有男乐俑7人,乐俑高11.5厘米。前面两个乐俑1人捧笙,1人执箫作吹奏状。右侧两个乐俑1人弹琵琶,1人弹竖琴。左侧两个乐俑1人持笛,1人手拿拍板。最后1人手拿排箫作吹奏状。7个男乐俑中间还立有一个女舞俑,舞俑右手前举,左臂后扬,作歌舞状。骆驼造型雄健优美,舞俑、乐俑体态丰满,形象生动。

它是惟一一件被评定为国宝级文物的唐三彩。

3. 胡人牵骆驼俑

胡人牵骆驼俑的骆驼高70厘米,长51厘米,俑高68厘米。俑白色陶胎,面部敷粉画彩,身施黄、绿、白三色釉,深目高鼻,胡人形象,头戴折沿尖顶帽,身穿窄袖长袍,领口外翻,内着半臂,腰后系一包袱,下着裙,足蹬长靴。其双手握拳,姿势呈拉缰绳状。驼俑为双峰驼,上有毡垫,周身以黄釉作为主色调。驼首上昂,张嘴作嘶鸣状。腰身略长,四腿直立于长方形托板上。

4. 武士俑

武士俑高105厘米,宽44厘米。武士面部敷粉画彩,不施釉,颈下施黄、绿、白三色釉,头束发髻,二目圆睁,双眉浓重,大鼻头,鼻下胡须向两侧上翘,面相异常凶猛。其身穿明光甲,胸前左右各有一圆护,肩覆披膊作龙首状。右手握拳上举,左手叉扶于腰际。足蹬高靴,直立于镂空座上。

此件武士俑形神兼备,气宇轩昂,精工制作,是一件上佳的艺术珍品。

唐三彩是唐代陶器中的精华,在初唐、盛唐时达到鼎盛。"安史之乱"以后,随着唐王朝的逐步衰弱,随着瓷器的迅速发展,三彩器的制作渐渐衰退。

辽代工匠受唐三彩影响,也烧制类似的陶品,我们称之为辽三彩,辽三彩多用黄、绿、褐三色釉,器型中的方碟、海棠花式长盘、鸡冠壶、筒式瓶等，非常有契丹民族的风格。辽代陶窑中赤峰缸瓦窑烧造量较大，所烧三彩釉陶器胎质细软，呈淡红色，釉色娇艳光洁，可与唐三彩媲美。其装饰手法有印花、划花两种。与唐三彩的区别除胎土不同外，主要是辽三彩中无蓝色，施釉不交融，釉面少流淌。辽三彩在承袭了唐三彩传统手法的基础上，又发展了自己的特点，在我国陶瓷发展史上具有很重要地位。

金代生产的低温彩色釉陶制品被称为金三彩。其特点是施有较厚的化妆土，釉色厚而鲜艳、纯正、润泽，填色规整，装饰手法以划花为主，刻、剔次之，线条粗壮均匀，流畅自如，多为生活实用器，烧造温度高。

唐三彩：武士俑

烧制窑口主要有河南巩县、登封、鲁山、禹县扒村、宝丰和磁州窑等。

元初三彩叶纹枕虽是三彩的延续，但其质量明显下降，已渐趋衰落。至明、清时期，三彩逐渐转向了建筑材料方面。

又如"彩绘执箕女陶俑"，1959年于河南省安阳市豫北纱厂张盛墓出土，现藏河南省博物馆。其器高16厘米，是为白陶，模塑。陶俑头梳平髻，后脑插梳，身着窄袖长裙，裙腰高束胸际，裙带下垂，裙呈伞式辐射，铺于地面。女子双手持箕，俯首劳作，再现了隋代劳动妇女加工粮食的可爱形象。又如"巩县窑白釉捧罐陶女俑"，上海博物馆藏。其器高26.5厘米，发髻高耸，形体修长，脸型瘦削，面带微笑，十分秀美。其右手前弯，左手捧一小罐，神态安祥。通体施白釉，釉色微闪青光。造型优美，线条流畅，反映出隋代制陶技巧之

隋代白釉捧罐陶女俑

第四章 隋唐与宋元明清陶器

高超。

唐代是中国文化发展的全盛期，中外往来频繁，文化交流广泛，制陶工艺发展迅速。最能表现盛唐气象的是唐三彩釉陶。

唐代由于社会稳定，经济发展，特别是开元盛世，盛葬之风空前高涨，为彩绘俑的发展创造了条件。在这种社会背景下，唐代明器数量激增，制作极为考究，艺术水平达到了历史的顶峰，其杰出代表就是唐三彩。

唐三彩是一种多色彩的低温釉陶器，胎料选用细腻的白色黏土，用含铅、铝的氧化物作熔剂，以含铜、铁、钴等元素的矿物质为着色剂，其釉色呈黄、绿、蓝、白、紫、褐等多种色彩。许多器物以黄、绿、白三色为主，甚至有的器物只具有上述色彩中的一种或两种，人们统称之为"唐三彩"。

如"铜川窑三彩陶马"，1957年于陕西西安鲜于庭诲墓出土，现藏于中国历史博物馆。其器高54.3厘米，首尾长53厘米。陶马形态生动，头微向左，侧视而立。马身为橙黄色，颈部兼有白色斑纹，颈部鬃毛梳理整齐，并剪一花，作棕黄色，微透白色，四蹄两黄两白，背上置鞍，垫鞯两层，上披一绿色薄毯，两端各系一结。马胸前和股后均络以皮带，带上饰以八瓣花朵，两侧各有杏叶形花式垂饰三枚，口内衔勒，两侧戴有角形镳，笼头上与胸鞅、后鞦皮带上的装饰相同，鼻和额上各垂一杏叶形花饰。此器鞍勒辔饰等马具俱全，是研究唐代马具装备的实物资料。

又如"巩县窑彩色釉陶骑马男俑"，上海博物馆藏。其器高39厘米，一男子端坐马上，除头、颈及手为彩绘外，周身均施彩色釉，黄衫，绿襟，黑靴。马身施褐釉，间饰绿釉，四足及底板施白釉。人物

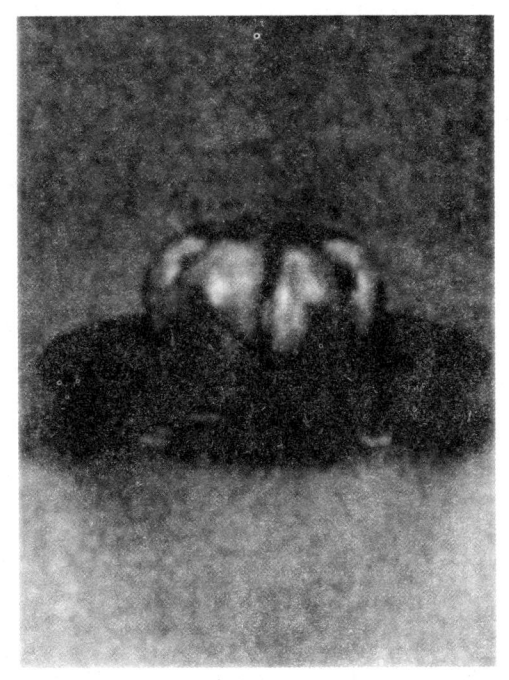

唐三彩：南瓜

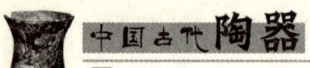

和马的塑造、刻画十分细致，造型生动逼真，达到了极高的艺术水平，堪称唐代彩色釉陶的上乘之作。

又如"三彩西瓜"，器高18厘米，色彩鲜艳，绿光闪闪，有如翡翠，几可乱真。又如"三彩骆驼载乐俑"。唐代陶器题材新颖，形象鲜明，用骆驼载乐俑体现了我国盛唐时期艺术的繁荣和中西方文化交流的盛况。骆驼引颈望天，四肢强劲有力，颈上和腿上的驼毛梳剪整齐，呈酱黄色亮釉。身施乳白色釉，脸部加绘酱黑色线条，睛点黑色，眼角加朱色。背有双峰，为巴克利亚种双峰驼。背垫厚毯，下垂遮腹，上为平面，呈椭圆形。毯面饰条形图案，上涂釉，绿、白、黄、褐相间，周缘刻划绿色垂丝，近毯边处有绘白色联珠纹的黄带。驼背用作舞台，有乐舞俑五人，四人分坐两侧为弹奏乐师，手抱乐器演奏。中立歌舞俑，体格健壮，面视前方，正在舞蹈。整个骆驼载乐俑塑造传神，栩栩如生，是一件陶雕珍品。

唐三彩创烧于唐高宗时期，大盛于开元年间，安史之乱后日趋衰落。宋辽时期虽也烧制三彩陶器，但各方面都无法与唐三彩相媲美，不过偶尔也有个别精品问世。

第二节 宋元明清的陶器

宋元明清陶器概况

宋元明清陶器以其特色显著而发展起来，异军突起的陶器代表，要数江苏的宜兴紫砂陶、广东佛山的石湾陶器和山西的琉璃及珐花陶器。它们的影响不仅在当地，而且远及全国，甚至海外；也不仅在民间，而且雅俗共赏，乃至登上大雅之堂；这不仅是在当时，而且到近代以至今日，都长盛不衰。

第四章 隋唐与宋元明清陶器

宋代陶枕

这是从地方特色的民间陶器一跃而成、脱颖而出的具有时代代表性的陶器工艺成就,它们所凝聚的创造性和艺术造诣,远远要高于一般的瓷器,因此是这个时代引以为骄傲的陶器艺术。

宋元明清的陶器除了民间日用器皿外,主要转向了瓷器所无法企及的领域,如砖瓦艺术。建筑用陶方面,建筑琉璃从宋代已逐渐开始有较大的发展,《营造法式》专门介绍了琉璃制作技术,可见它已成为建筑中的一个重要部分。宋代保存下来的琉璃制品或建筑物,虽然还不多,但毕竟有一些重要的存留,例如著名的开封铁塔,考古出土的资料更多一些。元明清时就很普遍了,尤以明清为盛,遗留下无数辉煌的琉璃建筑,展现了陶器的光彩。宋代以来,在原有画像砖艺术的基础上,出现了更进一步显示艺术才能的砖雕艺术,又称雕砖。它主要盛行于宋元时期,多流行于北方。明清时期仍然有所延续发展。在建筑砖瓦艺术发展的同时,陶塑艺术也渗入进来,在琉璃制品中,有不少立体的装饰构件,还有些贴面构件,也采用了浮雕形式。在一些讲究的宗教建筑或民居之中，也广泛加进了陶塑装饰，这方面最出色的是石湾陶塑在建筑中的配置。它不单是一种简单的建筑装饰和美化，而且简直就是一种表现和发挥艺术的方式，充分体现了民间艺术的极大创造力和进取精神，展示了横溢的激情与非凡的艺术魅力。

陶砚和陶枕在宋代尤为流行，可以沿习至元代。宋金时期留传下来不少的精品，它们是陶器艺术中的别有风韵的奇葩。在唐三彩艺术的强烈影响下，宋、辽、金、元各代皆有三彩制品，各有其特点。尽管它们在才华上不及唐三彩的富丽和雍容，但仍有其美学价值，体现了时代的格调。

一般认为，宋辽金元明清，是中国陶俑艺术的衰落时期。从总的角度上看，大体如此。不过，这期间也不是没有比较好的陶俑出土，而且可以说各朝代中均有出色的作品发现。比如，清代吴六奇墓的陶俑等，就是清墓罕见的陶俑资料，更可贵的是，这批陶俑数量较多，而且还精彩生动，有相当的艺术价值。明墓的陶俑已经比较少了，但还是不时有些出土，有的还十分有规模，这时盛行仆侍俑，一些大墓有讲究排场的仪仗俑群，例如四川明蜀王朱悦燫墓，随葬庞大的仪仗俑，多达500余件，排列有序，声势浩大，这些釉陶制作的群俑，已经表现出一定的衰退势头，缺乏细致的表现力，有失生动感。但它以规模取胜，加工制作也还工整，比较讲究，反映出较大场面的群塑的整体感的把握，因而仍是具有艺术价值和时代特征的重要陶塑。宋元时期陶俑已远不能同唐代相比，然而此间墓葬随葬陶俑的出土也还比较普遍，只是数量大减。这时所见还有相当多的有很高艺术性的陶俑，而且各有其特点。元代陶俑一般为黑灰色陶，多不上釉，人物塑造和刻划都较一般，但往往服饰着装上能够体现出元代风貌，而且和宋俑明显不同的是，多见骑马、牵马、牵驼一类题材，还有的是色目人的形象。宋代陶俑以釉陶为多，主要有仆侍俑、神煞俑、武士俑等，制作多显粗劣，比较随便，常常注意上身和面部的刻划，而忽略其他，身体比例往往失调，不过人物性格则比较突出。一反唐代人物造型的丰腴特征，而为纤秀修长的造型风格，表现了宋代审美的情趣。金代陶俑有的颇为类同宋俑，但一般还是很具自身特点，较显著的是戏曲杂剧俑，各种演奏人物形象，多表现金人风俗，惟妙惟肖，表情丰富，砖雕陶俑与众不同。和陶俑一样，陶模型明器也处于衰落，一般很少发现。据分析，宋代以后可能是由于纸质明器的流行，因而使陶质明器逐渐退出了历史舞台。

宋代以后的陶器，还有一些值得提及的。例如辽代陶器，不仅在造型上很有民族特色，而且有些从工艺角度看，也具有较高的观赏价值，特别是好多釉陶制品，都比较精美可爱。西夏陶器发现得虽然不多，但也颇有特色。宋以后的墓葬中，偶尔也出土一些比较精致、造型不错的陶制器皿。尤其是表面附加堆塑装饰的罐、瓶、坛等器型，大约是从谷仓罐演变而来的，有的一直延续到明清时期，在有的地方，它成为一种置放骨灰的容器。不论它的用途如何，其上的雕塑总是带有一定的艺术性，其中有的相当细腻巧致，是很好的工艺品。

还要说明一点，晚近时代中，随着社会的发展，用于陈设的陶器已经比较普遍，在许多具有古老传统的家庭里，往往都有传世古代陶器保存下来，和瓷器相类，这些陶器上也带有铭款识记。陈设陶器或以釉色感人，或以工艺精湛出奇，或以造型雕刻塑像取长，总之都具备很浓的艺术气氛和欣赏价值。同时要指出，晚期陶器中，各地都可能还有一些未被人们发现和认识的具有地方特色的传统陶器，由于未识庐山真面目，它们至今仍沉默于民间或偏远地隅，也可能还有无数陶器珍宝仍沉睡地下。不断发现和揭示这些陶器遗存，丰富古代陶器历史知识和文化，是我们的责任。更重要的是，我们要发扬光大祖国灿烂辉煌的陶器文化，让陶器历史谱写时代的新篇章。

宋、辽、金三彩陶器

宋三彩是对唐三彩的继承和创新。从考古发掘资料来看，生产宋三彩的区域主要集中在北方窑系，南方地区不多见。其中磁州窑系是生产宋三彩的主要窑系。磁州窑系是北方最大的民窑体系，主要分布在河南、河北、山西。宋时三彩以黄、绿、褐三色为主，还有白釉和酱釉。器型主要是枕、灯、香熏、盘、碗、盂、盆、盒、瓶之类的日用器，以及小狗、小马、小猪等玩具。三彩俑类几近绝迹。宋三彩工艺要求较为严格，胎质制作坚实细腻，叩之有金属声，成型工艺主要采用模制和雕塑。

宋三彩创设了一项新的工艺，那就是划刻花填彩工艺。基本方法是先用划刻技法勾画图案轮廓，然后根据不同部位要求，分别填上已经设计好的色

辽代陶器三彩方斗盘

彩。这是宋三彩区别于唐三彩的重要特征之一，这一新工艺大大丰富了三彩器的表现力。此外，宋三彩在装饰题材上也出现了一些新的内容，如花卉、人物故事和诗文等。

辽三彩大约出现在辽太宗会同年间（938—947年），今内蒙古赤峰的缸瓦窑是辽三彩的主要烧造地。辽三彩呈黄、绿、白三色釉，娇艳光鲜，但不见钴蓝。辽三彩器分中原造型和契丹造型两大类。辽三彩釉色及装饰手法比之唐的华美生动、宋的素雅清新，更多了一分草原游牧部落的凝重与浑厚。

金三彩一般胎质细腻，施釉厚重，釉色古朴。器型多沿袭中原器物，较多见的有盘、盆、枕等器物。首都博物馆收藏的一件《萧何月下追韩信》枕，就是金三彩中的精品。

三彩器所蕴涵的多彩幻化，似乎是在奏响历史和人类情绪升腾中最为华丽的乐章。

第四章　隋唐与宋元明清陶器

知识链接

风格独特的辽三彩

辽是契丹民族于公元906年在我国北方建立的一个强大的政权，创造了富有民族特色的灿烂文化，在我国陶器史上占有很重要的地位。由于这个时期生产的低温釉陶器继承了唐三彩的传统，故又被称为"辽三彩"。辽三彩受唐三彩影响很大，主要产地在辽宁省林东镇南山窑、辽阳的江官屯窑和内蒙古赤峰的缸瓦窑。辽三彩多用黄、绿、白三色釉，根据出土物来看，一般白釉和绿釉微闪黄，由于大多器物施釉薄，以致釉层易脱落，除了少量精品之外，底足一般不上釉。其胎质细软，多呈淡红色，也有少量胎质呈淡黄色，陶坯施彩釉前挂化妆土。器型多为日常生活用具，如穿带壶、方碟、海棠花式长盘、鸡冠壶、筒式瓶、印花暖盘等，富有契丹民族的风格，也是区别辽三彩的重要依据。其中赤峰缸瓦窑烧造量相对大一些，所烧制品胎质细软，胎体呈淡红色，釉色娇艳光洁，可与唐三彩媲美。装饰手法有印花、划花和贴花，一般盘、碟等多采用印花，琢器采用划花。纹饰以牡丹花为主，也有一些鱼纹、花草纹、水纹等。辽三彩与唐三彩的区别除器型、胎土、装饰不同外，还有无蓝色、施釉不交融、釉面少流淌、釉色变化少等现象，不如唐三彩施釉洒脱，绚丽多彩。

　　辽三彩最早什么时候开始烧制，目前尚无确切证据可考，但从有确切年代的墓葬出土的器物中发现，辽穆宗应历年（951—969年）以前就已经出现了黄、绿单色釉陶器，可以推断这时已经有三彩陶器。辽三彩在承袭

三彩璎珞纹盘口穿带壶（辽代）

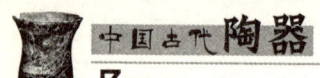

了唐三彩传统手法的基础上，有自己的发展特点，在我国陶瓷发展史上具有一定地位。

明清陶器——紫砂壶

自从瓷器出现之后，陶器实际上就逐渐地从生活日用品中淡出了。一次次属于陶器的亮点，多是在工艺上屡有创新的结果。兵马俑与唐三彩，其功用多为冥器，只有到了明清兴盛起来的紫砂器，才再一次把日用和艺术高度统一起来，树立了陶器史上的又一个辉煌。

一部紫砂史，自然还是要从"金沙寺僧"和"供春"说起。明人周高起在《阳羡茗壶系》中提出了紫砂器的"创始"说："金沙寺僧，久而逸其名矣。闻之陶家云：僧闲静有致，习与陶缸瓮者处，抟其细土，加以澄练，捏筑为胎，规而圆之，刳使中空，踵傅口柄盖的，附陶穴烧成，人遂传用。"文中所说金沙寺僧的姓名与生平不详，明周容《宜兴瓷壶记》认为他是"万历间（1573—1619年）大朝山寺僧"，是他首先从陶工那里学会制陶技术从而首创了紫砂器。

供春，相传为紫砂器第一代有姓名流传的工艺大师。据《正始篇》记载，供春姓龚，故又作龚春，明正德、嘉靖年间人。正德（或弘治末）为宜兴参政吴颐山的家僮。时吴氏正读书于金沙寺，供春聪明过人，向寺内僧人学习制作紫砂的技术，并在实践中逐渐改变了前人单纯用手捏制的方法，改为木板旋泥并配合竹刀制壶。供春充分利用了陶泥的本色，烧造的紫砂壶造型新颖雅致，质地较薄却又坚硬，"栗色暗暗，如古金铁，敦庞周正"，在当时就名声显赫，有"供春之壶胜于金石"的说法。明人张岱在他著名的笔记小品集《陶庵梦忆》中称："宜兴罐以供春为上……直跻商彝周鼎之列而毫无愧色。"可见，当时文人名流对供春紫砂器推崇的程度。鉴于他的声望，其作品

第四章 隋唐与宋元明清陶器

书彩圆开壶（清）

被后人广为仿造。自此，供春壶便成为紫砂壶的一个象征，供春也就成为了中国制陶工艺史上最杰出的代表之一。

专家对传说中供春学艺的金沙寺遗址进行了调查，结果在寺西北约1公里左右的任墅石灰山附近，发现一处较大范围的古龙窑群。这是一个明代的缸窑遗址，在缸窑遗址中，出土了部分紫砂器的残片。以此推断，当时的紫砂也许还没有专窑烧造，而是和缸类等日用陶瓷同窑烧成的。

1966年，南京中华门外油坊街明司礼太监吴经墓出土有一件提梁紫砂壶，质地近似缸胎，但较缸泥为细，壶胎上有黏附的"缸坛釉泪"，无款识。吴经是明嘉靖十二年（1533年）入葬的，该壶属于明代早期的紫砂器实物，说明当时紫砂器烧造还未另装匣钵，而是与缸器一同入窑烧制的。

明代紫砂器，前后出土不过四件。除上述这件紫砂提梁壶外，另三件都是与明万历年间另一位紫砂制壶名家——时大彬有关的器物。

时大彬，生卒年月尚不详，但从《许然明先生疏》以及他与松江陈继儒（1558—1639年）、太仓王世贞（1526—1590年）等一时名流的交往来看，可能生于嘉靖初年，死于万历三十二年（1604年）前后。

自供春而后，紫砂名家先后有明万历年间的董翰、赵梁、元畅、时朋"四家"，之后有时大彬、李仲芳、徐友泉（时大、李大、徐大）三人并称"三大壶中妙手"。"三大"中，又以时大彬最为著名。时大彬是时朋之子，制壶始仿"供春"，多制大壶，后独树一帜，制作小壶。前述另三款出土的明代紫砂，都署有"大彬"和"时大彬制"款，介绍如下。

1968年，江都县丁沟镇曹姓墓葬中出土，署"大

一个开盖的紫砂壶俯拍

彬"款六方紫砂壶。墓主人安厝的时间为万历四十四年（1616年）。

1984年，无锡甘露乡肖荡坟华涵莪墓出土，署"大彬"款识的三足圆壶。华涵莪入葬的时间是崇祯二年（1629年）。

1987年，福建漳浦县明万历年间任户、工部侍郎的卢维桢夫妇合葬墓出土署"时大彬制"款识的紫砂带盖茶壶。卢死于明万历三十八年（1610年）。

关于大彬壶，虽然时人文札笔记，留有一鳞半爪，传世之作也都被誉颂为一代"良陶"，还是无法脱离"烟笼寒水月笼沙"的神秘气息。传世精品如"调砂提梁壶"，上小下大，形体稳健，色紫黑，杂砂钢土，呈现星星白点，宛若夜空繁星。又如葵花壶，古朴自然，不失大家风范。但若是真想见识大彬当年的盛名之作，以及辨别哪些传世品为时大彬亲制，并不是一件容易的事。

"三大"中的另二位李仲芳、徐友泉，都是时大彬的弟子。李壶工巧，徐壶新异，擅作仿古铜器和蕉叶、莲房、菱花、鹅蛋等样式。

万历时的名工，还有欧正春、邵文金、邵文银、陈用卿、陈信卿、闵鲁生等人。万历以后的名家有陈俊卿、周季山、陈和之、陈挺生、承云从、沈君盛、徐令音等。紫砂器是中国历代陶工留名最多的器物，此前只有在秦兵马俑上，偶尔能见到陶塑工匠的名字。

在清代，特别是康熙嘉庆年间，紫砂盛行，名家名壶辈出。其中陈鸣远堪称时大彬之后最杰出的紫陶大师。陈鸣远，号鹤峰，亦号壶隐，清康熙、雍正年间（1662—1735年）人，生于康熙十九年（1680年）前后。陈鸣远的创作题材汪洋恣肆，"形制款识，无不精妙"，受到时人喜爱。"古来技巧能几人，陈生陈生今绝伦。"据《宜兴县志》记载："陈鸣远工制壶杯瓶盒，手法在徐（友泉）、沈（君用）之间，而所制款识书法雅健，胜于徐、沈，故其年未老而特为表之。"吴骞《阳羡名陶录》赞曰："一技

曼生壶之石瓢提梁堵江华作品

之能，问世特出。足迹所至，文人学士争相延揽。"由于名噪一时，造假者众多，其中也不乏紫砂高手，所以仿制品的水平也是良莠不一。

嘉庆年间，著名的紫砂器名家，还有宜兴杨彭年一家，即杨彭年、其妹杨凤年和其弟杨宝年。杨彭年制的壶被称作"曼生壶"，外行人乍听名号，便要问为什么？这就涉及到另一位同紫砂艺术有密切关系的文人陈曼生。这中间发生的故事，牵引出了我们下面要讲的文人与紫砂的情缘。

是文人与紫砂器的传统情缘，把紫砂器的创始时间大大地提前了。1974年，江苏宜兴羊角山紫砂窑址发现，才确切地将紫砂烧造历史提前到了北宋。而南宋紫砂器，也在江苏丹徒一古井内发现三件。陶器史研究者于是形成共识，将紫砂器的创始时间由"明代说"改为"北宋说"。

宋代文人们为紫砂器至少留下了这样一些可资参证的美妙诗词：

小石冷泉留早味，紫泥新品泛春华。（梅尧臣《宛陵集·依韵和杜相公谢蔡君谟寄茶诗》）

雪贮双砂罂，诗琢无玉瑕。（梅尧臣《宛陵集·答宣城张主簿遗雅山茶次其韵》）

喜共紫瓯饮且酌，羡君潇洒有余情。（欧阳修《和梅公仪尝茶诗》）

窗外炉烟自动，开瓶试一品香泉。轻涛起，香生玉杵，雪溅紫瓯圆。（米芾《满庭芳·绍圣甲戌暮春与周熟仁试赐茶》）

这些北宋时期赫赫有名的文人学者为紫砂茶具描画了韵味精致的图景，象征了他们文人情趣的一部分。在诗词中，紫砂茶具如此妥帖地与周边景致、事象、诗人的情趣融会为一，显示着它在文人生活中所扮演的重要角色。

说及文人与紫砂的情谊，自然无法忽略茶在当中起到的媒介作用。比起紫砂，茶的历史远为悠久，与文人的关系也更为深厚体贴。在唐代，饮茶的主要器具是瓷器，茶圣陆羽比较天下瓷器，目的无非在选择何种瓷器杯皿更适合饮茶与观赏。但至少在北宋，紫砂茶具开始进入了文人的视野，当时，恰是饮茶之风盛行的时期。南宋蔡绦在《铁围山丛谈》就说："茶之尚，盖自唐人始，至本朝为盛；而本朝又至祐陵时，益穷极新出，而无以加矣。"宋徽宗《大观茶论》也说："从事茗饮，故近岁以来，采择之精，制作之工，品第之胜，烹点之妙，莫不盛造其极。"当时，文人雅士甚至把是否饮茶与人之雅俗联系起来，如苏辙诗云："一啜更能分幕府，定应知我俗人无。"贵为皇帝的徽宗赵佶也说："至若茶之为物，擅瓯闽之秀气，钟山川之灵禀，祛襟涤滞、致清导和，则非庸人孺子可得而知矣；冲淡闲洁，韵高致静，则非遑遽之时可得而好尚矣。"可见，当时饮茶以为风雅、以为习俗，正是全盛时期。

明代，文人诗句提供了最早的紫砂器交易的记录。在自言"吾书第一，诗二，文三，画四"的天才狂人徐渭的一首七律诗中说："青箬旧封题谷雨，紫砂新罐买宜兴。"（《伯自子惠虎茗谢之》）晚明张岱的《陶庵梦忆》，也有关于无锡紫砂器名铺的记载。当代学者宋伯胤据

泥绘钟式茶壶（清）

此论说："从明末到清代前期，紫砂器在国内的流通或者只是在宜兴、无锡、扬州一带，对紫砂的爱好和欣赏或者也只是限于江南一隅的文人茶客而已！"

江南文人对紫砂器的热爱和积极参与给紫砂器带来了前所未有的活力和艺术上的精进。紫砂器在明清两代实现了它作为士林雅赏的所有美学功能，可以说是文人们协同制壶名匠把紫砂器的工艺推到了艺术的高峰。宋伯胤先生将"时大彬到杨彭年的300年间，紫砂陶艺师与文士的合作"，概括为三个时期：

第一，时大彬时期。时大彬在"文学名臣"王世贞、陈继儒等人关于试茶品茶的谈论启发下，开始对自己的作品进行改进，即改作"小壶"，而且还意识到，壶的大小，能对人的情绪、兴致发生影响。

第二，陈鸣远时期。陈鸣远"足迹所至，文人学士，争相延揽"，他在桐乡汪柯庭家时，汪曾为其砂壶作画。海宁曹廉斋等曾为其砂壶书写古诗或代署款识。陈在杨中允家"制陶器最多"，杨"尝为陈鸣远捉刀"，但却没有署自己的名号，他还应邀到海盐张东谷兄弟的涉园客居制陶。这个时期的文人学士虽然参与了砂壶的制作，有的还为其作画写文或代署名款，但自己并不在紫砂器上署名。

第三，杨彭年时期。杨彭年与陈曼生的合作诞生了紫砂陶的一个名词"曼生壶"。陈曼生，名陈鸿寿，字子恭，号曼生。乾隆、道光年间（约1768—1822年）人，原籍浙江钱塘（今杭州）。他是著名的"西泠八家"之一，文学、书画、篆刻均有涉及。他在宜兴任过三年县宰，对陈氏"一门眷属"的制壶技艺给予了鼓励和支持。他酷爱紫砂，善于创新，曾手绘18壶

式，请杨彭年及其弟宝年、妹凤年等按式制作，然后由陈曼生及其幕客江听香、高爽泉、郭频迦、查梅史等铭刻书画装饰，世称"曼生壶"。

"曼生壶"把紫砂壶与诗书画篆刻融为一体，成了文人雅士与紫砂壶艺家之间成功合作的典范。也就是说，由于有了陈曼生这样的传统文人的深入参与，大大提升了紫砂壶的文化内蕴。文

熏壶（近代）

人与紫砂的情缘自宋以来，不断延续。情趣凝结、涤荡心境，于审美中感受自然之物的体贴之处，终归是器物与人的最佳境界。

第三节 近现代紫砂工艺

紫砂的材料

紫砂器的材料是一种质地细腻、含铁量高的陶土。人们通常把做紫砂器的陶泥称作紫砂泥。紫砂泥包括了红泥（朱砂泥）、紫泥、团山泥（本山绿泥呈米黄色）。这三种泥由于矿区、矿层分布的不同，烧成时温度稍有变化，色泽就会变化多端，妙不可思。紫砂泥色丰富多彩，其中以朱、紫、米黄三色为紫砂器的本色，而朱有浓淡，紫又有深浅，黄则富于变化。如果辨色命名，则有铁青、天青、栗色、猪肝、黯肝、紫铜、海棠红、朱砂紫、水碧、沉香、葵黄、冷金黄、梨皮、香灰、青灰、墨绿、铜绿、鼎黑、棕黑、榴皮、漆黑诸色。紫砂壶独特的泥料，为紫砂器在色泽上构成了一道亮丽的景观。

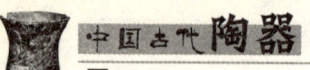

紫砂泥属于高岭—石英—云母类型，特点是含铁量比较高。紫砂器的烧成温度在1100℃～1200℃之间，烧成的成品吸水率小于2%，说明它的气孔率介于一般陶器和瓷器之间，也就是说，它比其他陶器致密，又比瓷器有良好的透气性。这就是紫砂器"泡茶色香味皆蕴"和"暑月夜宿不馊"的主要原因了。

紫砂泥的可塑性和结合能力好，有利于加工成型。紫砂器可以经受巧匠的雕琢运思，一壶之间，赏尽古代文人诗书画印，显示它在可塑性和结合能力方面的优势。此外，紫砂器不渗漏，不老化，越使用越显光润。这种历久弥新的特性也着实招人喜爱，被人视为有生命色彩的器物。

合欢式提梁（清）

前人对紫砂壶的好处有以下总结：

其一，紫砂陶既不夺茶香气又无熟汤气，故用以泡茶色香味皆蕴。

其二，砂质茶壶能吸收茶汁，使用一段时日能增积"茶锈"，所以空壶里注入沸水也会有茶香。茶锈的成分，经生化检验，内含灰黄霉素成分，有消炎清毒的作用。

其三，便于洗涤，日久不用，难免异味，可用开水泡烫两三遍，然后再泡茶原味不变。

其四，冷热急变适应性强，寒冬腊月，注入沸水，不因温度急变而胀裂，而且砂质传热徐缓，抚握把玩均不烫手，并有健身的功用。

其五，紫砂陶质耐烧，冬天置于温火烧茶，壶也不易爆裂，可享受"红泥小火炉"的乐趣。

紫砂器的制作工艺

紫砂器的制作工艺流程，大致包括选泥、练泥、成型、装饰、烧造。紫砂壶，成型尤为关键。全壶由壶身、颈、底、脚、盖、嘴、鋬等组成。《若壶说〈赠邵大亨君〉》中说："其掇壶，顶项及腹，骨肉亭匀，雅俗共赏，无乡者之讥。"指的就是壶体与附件的关系。

在紫砂壶丰富的造型中有凹凸线、凹线、圆线、鳝肚线、碗口线、鲫背线、飞线、翻线、竹爿线、云肩线、弄堂线、隐线、侧角线、阴角线、阳角线、方线，增加了壶的美感。

紫砂壶的盖有截盖、压盖、嵌盖、虚盖、平盖、线盖，增加实用功能和欣赏趣味。口盖直而紧，直径通转，壶身倾注无落帽之忧，工艺严谨。

紫砂壶的嘴有直嘴、一湾嘴、一湾半嘴、二湾嘴、三湾嘴，嘴孔有独孔、多孔、球孔，錾有直握錾、横握錾、提梁、半提梁。嘴錾胥出像自然生成在那里的一样，注水流畅。

紫砂壶的品类又可分为光货、花货和筋瓤货。光货的工艺，圆形应珠圆玉润，方器应轮廓周正。花货的工艺，写实的应表达逼真，写意的应具备神采趣味。筋瓤货应线条脉络有致，卷曲和润，嘴錾处理得体。其装饰手法有刻、塑、雕、琢、贴、绘、彩、绞、嵌、缕、釉、堆、印、镶、漆、包、鎏。

紫砂壶的类型

紫砂壶有以下四种类型。

1. 仿生形

做工精巧，结构严谨，仿造树木及花卉的枝干、叶片、种子，或者动物形状，栩栩如生，质朴亲切。如扁竹壶、龙团壶、樱花壶、大鱼化龙壶、葵壶、南瓜壶等。

莲形银配壶（清），苏州文物商店藏

2. 几何形

外形质朴无华，表面平滑，富有光泽。按球形、四方形等立体几何形状制作。如圆壶、六方菱花壶、八角壶、四方壶、直腹壶等。

3. 艺术形

造型多变，集诗、书、画、雕刻于一体，体现壶的人文内涵。代表作品有"曼生壶"、玲珑梅芳壶、束柴壶、束竹壶、加彩人物壶、什锦壶、八宝

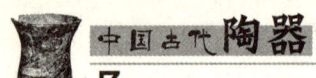

壶、九头报春壶等。

4. 特种形

专为泡特种茶而制。最典型的是专为福建、广东、台湾一带啜饮乌龙茶而制的茶具。代表作有"烹茶四宝"：潮汕风炉、玉书（烧水壶）、孟臣罐（茶壶）、若深瓯（喝功夫茶只容得下4毫升茶汤的小杯子）。

除却紫砂器的大宗产品外，还有一些不常见的异形器物，如《国宝大观》所录的"蟠螭紫砂瓶"。此瓶制于清代，现藏故宫博物院，专仿青铜器的器型和纹饰，是件上乘紫砂作品。另有"东溪款紫砂枕"，是清康熙年间无锡某庵道姑所用之物，砂枕上诗书画精妙，可知制者和使用者都非等闲人物。

紫砂泥的种类

宜兴出产的陶土，按其颜色、产地不同，大体可分为本山甲泥、东山甲泥、瓦窑甲泥、西山嫩泥、岈山泥、蜀山泥、白泥、黄泥、绿泥、乌泥、红棕泥和紫砂泥。甲泥是接近地表面的一种黏土。质性有软硬、韧脆、粗细以及耐火程度的不同。各种陶器根据大小、厚薄、曲直之异，用泥也各有区别。白泥、黄泥、绿泥和紫砂泥用水簸法精炼后，可以单独制造陶器。其他各种陶土均需混合作用，方能获得良好的性能。白泥是一种单纯粗砂质铝土质黏土，用于生产砂锅、煨罐和彩釉工艺陶，原泥呈灰白、桃红和象牙白等色。经淘漂压滤后，表面细腻光亮，烧成以后呈象牙色泽。

1. 嫩泥

亦称黄泥，颜色有浅灰色、淡黄色和黄红色等。因这种泥风化程度好，质地较纯，具有比较好的可塑性和结合能力，可以保持日用陶器成型性能及干坯强度，所以它是日用陶器中常用的结合黏土。

2. 甲泥

亦称夹泥，是一种硬质骨架泥岩，粉砂质黏土，未经风化时叫石骨。这种泥料种类很多，按颜色和厚度的不同，分别冠以产地名称。如本山甲泥、东山甲泥、西山甲泥、瓦窑甲泥等。颜色有紫红色、紫青色、浅紫色和棕红色，是制作日用陶器大件产品必不可少的原料。

3. 紫泥

古称青泥，是制作紫砂壶的主要原料。紫泥一般深藏于甲泥之中。因此，紫泥又向有"岩中岩"、"泥中泥"之称。紫泥的种类较多，有梨皮泥，烧后呈冻梨色；淡红泥，烧后呈松花色；淡黄泥，烧后呈碧绿色；密口泥，烧后呈轻赭色。还有一种本山绿泥，矿土呈蛋清色，表面光滑如脂，该泥夹于黄石板与甲泥之间，又称夹脂。

紫泥梅花壶

4. 红泥

或称朱泥，是制作紫砂壶的主要原料。矿石呈橙黄色，埋于泥矿的底部，质坚如石，亦称"石黄泥"，即古人所谓"未触风日之石骨也"（清·吴骞《阳羡名陶录》）。其产量较少。因其含铁量多寡不等，烧成之后变朱砂色、朱砂紫或海棠红等色。因为产量少，过去除销往南洋的水平小壶用此制作胎身外，一般只用作着色的原料。如在紫泥制成的胎面，再涂上一层朱泥，就可以烧成粉红色。

5. 绿泥

亦称段泥，是紫泥矿层上面的一层绵头，产量不多，泥质较嫩，耐火力比紫泥低。绿泥大多用作胎身外面的粉料或涂料，使紫砂陶器皿的颜色更为多样。如在紫泥塑成的坯件上再涂上一层绿泥，可以烧成粉绿的颜色。

紫砂壶所用的原料统称为紫砂泥，其原泥分为紫泥、红泥和绿泥三种，地质特征及成因基本与甲泥一致。质地细腻柔韧，可塑性很强，渗透性良好，是一种品质极优的陶土。与它同类的还有大红泥、乌泥、白泥、本山绿泥和墨绿泥。这些陶土都深藏于岩石层下，夹杂于泥之中。出矿时呈岩石块状，

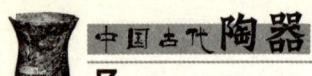

经过摊场风化，成为豆粒颗状，再经细磨，通过每平方厘米200多孔眼的罗绢钢丝筛筛滤，加15%的水拌成生泥块，再经多次捶打，使泥料压缩黏韧，就成了可以用来制坯的紫砂泥。

紫砂壶与茶文化

紫砂壶的兴起是中国茶文化大环境陶冶下的突出成果，同时也是中国茶文化发展变革的必然产物。

明代初期，平民出身的明太祖朱元璋鉴于连年战乱，从体恤民情、减轻贡役出发，下诏废除团茶，改制叶茶（散茶）。朱元璋的这项措施不但减轻了广大茶农为造团茶所付出的繁重苦役，也带动了整个茶文化系统的演变，茶的品饮方式发生根本变化，手撮茶叶、用壶冲饮，替代烹煎方式，由于茶具有了用作案几陈设品的可能，茶事开始讲究器具。

品茗本是生活中的物质享受，茶具的配合却蕴涵了人们对形体审美和对理趣的感受。紫砂壶制作技巧精湛，且与诗书画及金石篆刻结合，雅俗共赏，使人把玩不厌，正好满足了茶文化时代变革的需要。

紫砂壶还有其他茶具所不具备的特性，关于这一特性，《阳羡砂壶图考》一书作了精辟的总结："茗壶为日用必需之品，阳羡砂制，端宜论茗，无铜锡之败味，无金银之奢靡，而善蕴茗香，适于实用，一也。名工代出，探古索奇，或仿商周，或摹汉魏，旁及花果，偶肖动物，或匠心独运，韵致怡人，几案陈之，令人意远，二也。历代文人或撰壶铭，或书款识，或镌以花卉，或镂以印章，托物寓意，每见巧思，书法不群，别饶韵格，虽景德名瓷价逾钜万，然每出以匠工之手，响鲜文翰习观，乏斯雅趣也。"紫砂器的蕴香特征，至今没有任何物品能够替代。它的外形艺术创作，也至今不衰，仍然保持着蓬勃的创造力。

今人在前人的基础上总结出紫砂壶作为茶具的八大特点：

（1）泡茶不失原味，色香味皆蕴，能使茶叶越发醇香。

（2）紫砂器使用的时间越长，器身就越光亮，这是因为茶水本身在冲泡过程中也可以养壶。

（3）紫砂器的冷热急变性好，既可以放到火上烧，也可以在微波炉中使用而不会爆裂。

(4) 传热慢，而且保温，提携无烫手之感。

(5) 坯体能吸收茶的香气，用常沏过茶的紫砂壶偶尔不放茶叶，其水也有茶香味。

(6) 紫砂壶的泥色与经常冲泡的茶叶有关，泡红茶时茶壶会由红棕色变成红褐色，经常泡绿茶时，砂壶会由红棕色变成棕褐色。壶色富于变化，使其更具魅力。

深受喜爱的紫砂壶

(7) 紫砂有很好的可塑性，入窑烧造不易变形，所以成型时可以随心所欲地做成各种器型，使紫砂器的花货、筋纹的造型能自成体系。

(8) 独特的透气性能。泡茶不易变味，而且隔夜茶也不会馊。

正因为如此，紫砂茶具自明清以来受到了人们的喜爱，尤其得到文人的青睐，大量文人还参与到紫砂器的创作活动，他们除了邀请大家艺匠特别制作外，大多自己亲自设计外形，由艺人按图制作，再自己题刻书画，运用诗书画印相结合的形式，从艺术审美的角度追求紫砂器的外在鉴赏价值，从而提升了与茶文化紧密相连的紫砂文化的品位。

紫砂工艺的传承及历代名家

紫砂工艺大师的历史自供春开始。供春又称龚春。正德嘉靖年间人，生卒不详。原为宜兴进士吴颐山的家僮。吴读书于金沙寺中，供春利用侍候主人的空隙时间，向金沙寺老僧学制壶。所制紫砂茶具，新颖精巧，温雅天然，质薄而坚，负有盛名。当时制成的树瘿壶，世称"供春壶"，令寺僧叹服，后以制紫砂壶为业，遂成第一个留下名字的紫砂大师，并被后代的人奉为紫砂壶鼻祖。

时大彬、李仲芬是供春的徒弟。二人与时大彬的弟子徐友泉并称为万历以后的明代三大紫砂"妙手"。时大彬的紫砂壶风格高雅脱俗，造型流畅灵活，虽不追求工巧雕琢，但匠心独运，朴雅兼致，妙不可思。他的高足徐友泉晚年自叹："吾之精，终不及时（时大彬）之粗也。"徐友泉，手工精细，擅长将古代青铜器的形制做成紫砂壶，古拙庄重，质朴浑厚。传说，徐友泉幼年拜时大彬为师学艺，恳求老师为他捏一头泥牛，时不允。此时一真牛从屋外经过，徐急中生智抢过一把泥料，跑到屋外，对着真牛捏了起来，时大加赞赏，认为他很有才华，于是欣然授其全部绝活，后来果然自成一家。以上四人为第一期紫砂壶大师。

第二期紫砂壶大师为清初人陈鸣远、惠孟臣。陈鸣远以生活中常见的栗子、核桃、花生、菱角、荸荠等造型入壶，工于精雕细镂，善于堆花积泥，使紫砂壶的造型更加生动、形象、活泼，使传统的紫砂壶变成了有生命力的雕塑艺术品，充满了生气与活力。同时，他还发明在壶底书款，壶盖内盖印的形式，到清代形成固定的工艺程序，对紫砂壶的发展产生了重大影响。由于陈鸣远的作品出神入化，名震一时，故仿品、赝品大量出现。明末天启、崇祯年间的惠孟臣，长于制作小壶，以小胜大。孟臣壶以竹刀划款，以器盖内有"永林"篆书小印者为精品。

第三期紫砂壶大师是清代中叶嘉庆、道光年间的陈鸿寿和杨彭年。陈鸿寿，是清代中期的著名书画家、篆刻家。他倡导"诗文书画，不必十分到家"，但必须要见"天趣"。是他把这一艺术主张，付诸紫砂陶艺。第一大贡献，是把诗文书画与紫砂壶陶艺结合起来，在壶上用竹刀题写诗文，雕刻绘画。第二大贡献，是他凭着天赋，随心所欲地即兴设计了诸多新奇款式的紫砂壶，为紫砂壶的创新带来了勃勃生机。他与杨彭年的合作，堪称典范。现在我们见到的嘉庆年间制作的紫砂壶，壶把、壶底有"彭年"二字印，或"阿曼陀室"印的，都是由陈鸿寿设计、杨彭年制作的，后人称之为"曼生壶"。陈鸿寿使紫砂陶艺更加文人化，制作技术虽不如明代中期精妙，但对后世影响很大。杨彭年首创捏嘴新工艺，他不用模子，信手捏来，随意而成，颇具天趣。

乾隆以后，伴随着清王朝的衰落颓势，紫砂壶的制作也愈来愈不景气。值得一提的是嘉庆、道光年间的邵大亨，他是陈鸣远以后的一代高手，其他如邵友兰、邵友廷、蒋德休、黄玉麟、程寿珍诸人，则一代不如一代。更多的是因循守旧，很少创新，制作工艺也日渐草率荒疏。

当代的紫砂大师，首推顾景舟老先生，顾老潜心紫砂陶艺60余年，炉火纯青，登峰造极，闻名遐迩。其余如朱可心、高海庚、裴石民、王寅春、吴云根、徐秀棠、李昌鸿、沈蘧华、顾绍培、汪寅仙、吕尧臣、徐汉棠、蒋蓉等，也各自身怀绝技，各有专长，皆为一时俊才。

第五章

陶器的器型

  陶瓷器的器型一般指器物的口部、颈部、肩部、底部以及足部的形状,以此来判断它烧造的时代和窑口,这些是鉴定陶瓷的重要项目。中国的陶器制作,历史悠久,窑口众多,产量极大,除了历代流传下来的传世品外,地下出土物中要数陶器最为丰富。但是历史上某些人出于各种动机,对古陶器也和对其他文物一样,制作了一些复制品或伪品,真真假假,虚虚实实,一下子也难以搞清,从器型判断,也是陶器辨别的一个重要指数。

第一节 炊器

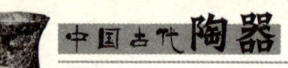

鬲

古代三足陶器之一,是三个空心足分立,上口连为一体。空心足一般较肥硕、鼓起,称为袋足。晚期陶鬲袋足收缩,或变成膨胀的象征性的形式,致使趋于退化、消失。鬲是炊具,中国古代特有的造型,大体在新石器时代晚期前后出现,很快流行起来,青铜时代最盛,秦汉以后逐渐遁迹。陶鬲主要是随着商周文化而普及开来的。

鼎

古代三足器之一,一般是三个实心足,上置圜底器或其他容器。鼎的祖型是早期新石器时代的三足钵,或有直呼钵形鼎的。还有一种三足罐,则是罐形鼎的前身。新石器时代中期以后,有一种釜形鼎,较流行。青铜时代陶鼎有的加盖、附耳,可能是仿铜器的造型。秦汉以后陶鼎渐少。但这种造型一直延续。

三足鼎

甗

甑相当于现在的蒸笼，一般是平底，底部有孔。也有圜底或圈足器。甑和鬲配合在一起，称为甗，有分开为两件器物的，也有合制为一体的。新石器时代中期已见有甑，甗出现在新石器时代晚期，主要见于青铜时代，考古发现的陶甑和陶甗，不是很丰富，原因值得探讨。

釜

釜是一种圜底陶器，属于炊具，可能是圜底罐发展起来的，如江西万年仙人洞所见。釜最初盛行于东南地区，从北辛文化、马家浜文化、河姆渡文化开始，延续发展下来，青铜时代又流行于秦地。陶釜后来为铁釜取代，演变成锅。

第二节 饮食器

豆

豆是一种主要的圈足器，为食具之一。其为圈足或喇叭足或高柄足，上面加一个圆盘或小钵，新石器时代中期开始出现，晚期较流行，青铜时代盛行。豆可能和圈足碗、圈足钵有一定关系，后来逐渐变高，豆盘变小变浅，演变成陶灯。青铜时代还出现有盖的豆。豆也是中国古代特有的器型，汉代以后趋于消失。

斝

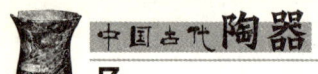

古代三足器之一，基本造型是空心三足之上置一个罐或其他容器，连为一体。陶斝起初属于炊具，最早见于新石器时代晚期的庙底沟二期文化，大概要先于陶鬲的出现。陶斝的流行不是太普遍，主要是在陕西的客省庄文化和河南的龙山文化中多见，在齐家文化和陶寺文化以及青龙泉三期文化中也有所见。进入青铜时代，陶斝和铜斝定型成为酒具。

鬶

古代三足器之一，属于饮具，由三个空心足上口相连，口上再置一个带流的杯，连为一体，带把手。造型十分独特，整体曲线优美，形似鸟的形态，但似是而非，富有想象力。陶鬶出现于新石器时代中期偏晚，在山东大汶口文化晚期兴起，并盛行，龙山文化继续流行，并影响到中原及其他地区，成为新石器时代晚期到早期铜器时代流行的陶器饮具。根据分析，陶鬶的起源似与一种壶形的鼎有关，而最初的袋足，美术史家认为形似乳房，可能和某种崇拜有关。陶鬶大概是历史上最早的袋足三足陶器，其他各种空心三足陶器均要晚于它的出现，而且很有可能是受其影响的。

盉

古代三足器之一，属于饮具，造型类似鬶，带嘴、带把。典型的盉出现较晚，它可能源于带嘴的罐和带嘴的壶形鼎，又受到鬶和鬲或斝等器型的影响。新石器时代所谓的陶盉，一般定名都不严格，青铜时代陶盉或铜盉才比较定型，而造型可能主要和陶鬶相关。

爵

古代三足酒具之一，器型较小，造型特殊，为束腰形扁圆体带流小杯，下立三实足，并有把手，口部类似马鞍口状。它主要出现在青铜时代的夏商时期。

第五章 陶器的器型

盆

古代盛器，口径较大，用于盥洗或盛装，器型特征是广口、折沿、宽唇、深腹、平底，有圈足或无圈足。

碗

新石器时期出现的一种饮食用具，以大口、深腹、小足为特征。这一时期有些碗的两侧还带有鋬手。

双腹盆 　　　　　　　　陶碗（战国）

钵

新石器时代出现的一种盛器。以敛口或敞口，深腹或浅腹，平底或圆底，圈足或三足，口大底小为特征。

皿

饮食器。器浅腹斜，底部平整，有的底心微凹。新石器时代仰韶文化遗址有出土。

壶

盛酒和装水器。有多种形制。三国两晋时期越窑、瓯窑的一种新产品，

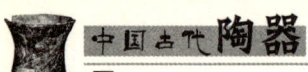

后期各地瓷窑均有烧制。早期为盘口，肩部一面为实心凤首，另一面是凤尾装饰。东晋时壶身变大，前装凤首流，后装圆股形把手。至后期器身渐变修长，把手出现龙头和熊纹等装饰，成为一种美观实用的酒器。

茧形壶

又名鸭蛋壶，壶腹向两侧伸展，形似蚕茧或鸭蛋，故名。茧形壶腹部采用泥条盘筑，拍打涂抹后经慢轮修整，外表多用泥条和弦纹装饰，再与分别制作的圈足和口颈粘结成器。造型大方，胎质坚硬，美观实用。这种器型始自秦国，战国盛行，汉代沿用。

扁壶

盛酒和水的容器。新石器时代晚期这种器型已出现，因为其腹部扁圆，所以称它为扁壶。

单耳壶

陶壶的一种样式，直颈鼓腹，口沿微撇，腹一侧有圆环耳，一般为小平底。多见彩陶器。

彩陶单耳壶

第三节 贮盛器

罐

古代盛食物器皿。多敞口，短颈，圆肩，腹部丰满，腹以下渐敛，平底。罐有很多类型，如三足罐、平底罐等。

第五章 陶器的器型

神人纹彩陶罐　　　　　　　陶簋

樽

盛器，也作祭器。侈口，折沿，颈内收，深腹壁微曲，腹部以下渐收，有圈足或平底无圈足。始见于新石器时代。

簠

古代祭祀时盛谷物的器皿，长方形，有足，有盖，有耳。也做明器。

簋

盛食器和礼器。主要用于放置煮熟的饭食，流行于商至春秋战国时期，形制变化较大。商代簋形体厚重，多为圆形，侈口，深腹，圈足，两耳或无耳。西周时出现了四耳簋、四足簋、三足簋等其他形式，还有的簋上加盖。春秋时期簋花纹细碎。战国以后簋较少见到。

豆

盛装食物的器皿。上部为盛器部分，像钵或盘，下部为喇叭形高足，是新石器时代就有的器型。

奁

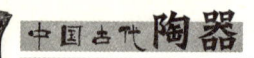

奁是汉代出现的器型。多为直口，圆唇，平底，三足，圆筒形或六角形腹。

瓶

瓶是新石器时代常见的盛水器，其形式较多，小口细颈、长圆桶形腹、尖锥状底的叫做尖底瓶。胎体多为细砂红陶或泥质红陶。还有一种人首口瓶，器呈人形，圆口，口部塑成人首形，颈粗，腹部多为椭圆形，平底，有泥质陶和夹砂陶。

瓿

瓿是古代盛贮器，流行于商代至战国。圆体，敛口，广肩，大腹，圈足，带盖，带耳或不带耳，也有方形瓿。器身常装饰饕餮、乳钉、云雷等纹饰，两耳多做成兽头状。

瓮

储藏器或水器。器型高大，鼓腹，但口和底较小，呈橄榄形，原始社会时期也有作为陪葬的明器。

褐绿釉陶刻花莲瓣纹奁 　　　陶瓮 　　　越窑浮雕蟠龙翣

盂

盛水器。侈口，折沿，尖唇，圜底或平底，新石器时代仰韶文化遗址有出土。

曇

新石器时代的一种器型，敞口，扁圆腹，圈足略高。泥质或夹砂陶。

罂

罂是种盛贮器，既可用来汲水、存水，也可用来盛粮，在汉代就已经存在。

第四节 日用陈设器

唾壶

又称唾器。三国晋初器型为大口圆球腹，高圈足，形似樽。后期逐渐变为盘口扁圆腹，平底或假圈足，南朝时有的配盖和托盘，更为卫生和实用。

水注

侈口，翻沿，球腹，流粗短，平口，口沿至肩有一柄，平底，饼状足，胎体多厚重。

砚

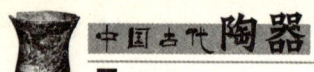

中国传统的文房四宝之一。早期的砚为光滑的研磨器,汉代时已普遍使用,并且相对比较讲究形式和质地,形状主要有圆形、长方形和异形,材质多用石或陶。

熏炉

又称博山炉,焚香用具。炉身由一柱体支承,立在圆盘中。炉盖作山峰状,或附云气、仙人形象,均有烟孔。汉代这类器物较流行。

陶油灯

汉代时出现的陶质生活用具,有单层或多层灯盏,多为捏塑制成,装饰有人形或动物形俑。

绿釉陶孔雀灯 　　　　　　褐釉瓷砚

扑满

积钱器,汉代时期较为流行。先民为储存之便,用陶制作一个瓦罐,多

圆底平底，或制成动物形状，近顶部开有一条投钱长孔，有散铜钱即投入其中，急用钱或钱罐装满之后，破罐取之。

陶枕

陶瓷枕于隋代开始出现，至唐代中期较为多见。唐代的陶枕大多为圆角方形、腰圆形，还有专门制作的尸枕，但尺寸较小。隋唐墓葬中出土的有三彩等陶枕，五代时出现镂雕建筑人物台枕，特点是以建筑物为枕座，上置枕面。后来日常生活中使用陶瓷枕的人越来越少，多用作明器，又叫"寿枕"，形体大，做工较为粗糙，多做成枕面深深下弧凹进的形式。

三彩虎枕

封泥

封泥又叫做"泥封"，是古人封缄竹简、货物时盖有印章的泥团，作用类似今日铅封。封泥不是印章，而是古代用印的遗迹。由于原印是阴文，钤在

"酉阳丞印"封泥

泥上便成了阳文，其边为泥面，所以形成四周不等的宽边。封泥的使用自战国直至汉魏，在纸张普及使用之前被广泛使用于官属衙门，因其记录了用印者的身份，故对于秦文化考古研究有极其重要的参考价值。

第五节
建筑器材以及其他陶器

陶在中国古代建筑中起着不可替代的作用，常见的有瓦当、滴水、陶水管等。

瓦及瓦当

西周的陶瓦有筒瓦和板瓦两种。筒瓦的制作是这样的：用两端口径不同的圆筒形瓦坯，经过修整与拍印纹饰，再切割成对等的两半，最后即成为两端宽窄不同的半圆形筒瓦。也有在筒瓦坯中间或偏于一端粘接上一个圆锥状瓦钉或半圆形瓦鼻。筒瓦表面多饰绳纹，也有在筒瓦表面的绳纹上又加饰几道宽弦纹；有的筒瓦表面用双线刻划和磨制出精美而规整的云雷纹图案。筒瓦的大小不等，有的筒瓦长22.5厘米，下端宽13.5厘米，上端宽12厘米，厚1.2厘米，也有筒瓦长45厘米，中宽30厘米，厚1.5厘米。但也见有筒瓦长达50厘米，中宽30厘米，

兽面纹琉璃瓦当

厚1.5厘米，这是所见西周时期较大的一种筒瓦。

西周为什么有这么多不同规格的筒瓦？或是各有不同的用途，或是表明用于不同时期、不同规格的房屋，尚有待更多的材料考证。但从出土的西周铜方彝多作盝顶形这一点推测，西周可能已有四注式房屋，筒瓦可能有覆于屋脊和覆于瓦垅两种不同用途。用于瓦垅大致应是弧径小的一端向上，自下而上，上下相覆相接，瓦钉可能用于固定上下相对位置。而下述的板瓦大致应是仰置于两椽之间，也是上下相覆相接；筒瓦则覆于椽上，压于左右相邻仰置的板瓦之上，板瓦则承接水流，以泄雨水。

考古上习称的板瓦，其横断面也为弧形，与筒瓦不同之处，仅在板瓦的弧径大，而筒瓦弧度小。在西周的板瓦拱背中间或偏一端处，也粘结上一个或两个圆锥状瓦钉或半圆形瓦鼻。西周板瓦一般长48～53厘米，宽29～34厘米，厚约1～2厘米。如扶风出土的一件完整的板瓦，长46厘米，宽端为23厘米，窄端为20.5厘米，厚约1.5厘米，瓦拱背中间靠宽端约13.5厘米处和靠窄端约8.4厘米处，分别粘结两个高约3.2厘米、径约2.5厘米的圆锥形瓦钉。在长安沣水东的西周遗址中，出土一件板瓦，板瓦一端粘结一个半圆形瓦鼻，瓦面多饰绳纹，也有加饰双线云雷纹的，瓦的内壁多为素面，板瓦拱部的瓦钉与瓦鼻，其用途应和筒瓦相同，但其详情还有待研究古建筑的学者作复原研究。

西周的瓦当虽发现很少，但已见有全瓦当和半瓦当的制作，推断起来应和水管、筒瓦一样，都是以范芯敷泥模制，而后拍打成型，只有模制成型才能保证建筑用材的规格化和便于调度使用。西周的瓦当多为素面，在陕西扶风周原遗址中曾发现有半瓦当，瓦当径13.8厘米。在粘接有半瓦当的筒瓦内面，靠瓦当头约7.6厘米处也粘结一个长约3.2厘米、径约2厘米的圆柱形瓦钉。

春秋时期的筒瓦形制，是在筒瓦上端增加一个长约1.5厘米左右和稍小于瓦头的子口，使前后相覆的筒瓦可以紧密地套接在一起。有的筒瓦还在近下端拱背处挖一个小圆孔，以便加瓦钉控制扣合上下筒瓦位置，使上下不致脱落，这反映了春秋时期建筑技术与制陶工艺有了新的发展。筒瓦的表面仍多饰绳纹，绳纹磨去的地方又加饰几圈瓦旋纹。筒瓦里面多为素面，少数加饰有竖篮纹。

春秋时期的板瓦形制和西周略同，也有在板瓦下端的中部挖一小圆孔加制瓦钉，以使下层板瓦不致脱落。板瓦正面多饰绳纹，部分绳纹被磨去又加饰几周瓦旋纹。板瓦凹面多为素面，少量饰有篮纹。

春秋时期的瓦当，在"当"的边缘处凸起一周或半周沿边，或在瓦当面的中间施双勾纹或方格纹。并在瓦当的迎头处挖一圆孔，以便插钉固定。瓦当面仍多饰绳纹，凹面多为素面，也有加饰篮纹的。

春秋时期的筒瓦、板瓦、瓦当与西周相比形制略小，胎壁稍薄。

西周时期的瓦钉都是直接粘结在筒瓦里面和板瓦的外面，到了春秋时期，瓦钉则是单独制作，形如蘑菇，使用时把瓦钉插入筒瓦、板瓦或瓦当一端的圆孔内，即可起固定作用。

战国时期的筒瓦，其胎质较春秋时稍有加厚。榫接处多呈凹弧状，便于两瓦相接吻合。在河北燕下都发现部分宫殿筒瓦表面饰三角纹、蝉纹。战国时期的板瓦较春秋时期的板瓦稍大且宽，瓦的内壁饰有篮纹，瓦的窄头表面饰几周弦纹。战国时期瓦当的筒瓦面上多有一个圆孔以便插入瓦钉，瓦当表面的纹饰较春秋时期大为增多。半瓦当的纹饰，在中原地区的韩、魏等国以卷云纹为主，并有少数兽面纹。圆瓦当中间多为圆圈纹，圈内填方格纹，圈外有对称的4个双钩纹。燕国的圆瓦当饰饕餮纹、山字纹、双龙纹、单龙纹、双鸟纹、窗棂纹等。齐国的圆瓦当多饰以树木双兽纹和树木双目纹，并有一些树木双人骑马纹、树木田字纹、水波纹、双鸟纹、兽面纹等。秦国的圆瓦当纹饰，以饰各种形态的云纹为主，并有一些鹿纹、鸟纹、虫纹、莲花纹和葵花纹等。

秦统一后的秦代瓦当花纹装饰有了明显的变化，有动物纹、植物纹、云纹。秦始皇陵附近出土的瓦当上有奔鹿、凤鸟、狗等动物纹饰。咸阳宫出土的瓦当为组合成对称的扇面状综合图案，分4个扇面，填以各种纹样，一般为内圈饰方格纹、网纹、点纹、四叶纹、树叶纹等；外圈扇面形，内饰有形象逼真、姿态生动的双鹿、昆虫等。凤翔出土的有树叶纹瓦当，咸阳宫出土的有莲瓣纹、葵花纹、卷曲纹、卷云纹瓦当。秦国瓦当面上有文字的很少，所见"维天降灵、延元万年、天下康宁"的12字瓦当，则是秦始皇统一中国后的产物。汉代的筒瓦、板瓦、瓦当、瓦钉等与先秦、战国相比，不同之处是汉代瓦的内面多有布纹痕迹。

秦代和先秦瓦的制法，都是采取硬模的方法制成，汉瓦内面印有布纹，可能是在模芯覆以湿麻布，尔后覆以泥坯轮制或拍打成型，因有一层湿布衬底，瓦亦易于脱模。瓦当与筒瓦的子口榫也应是一次轮制而成，瓦当也可能是一次制成的，有人认为汉代的半瓦当是与筒瓦一齐切开的。汉代瓦当上的花纹装饰与战国时期相比有了较大变化，花纹除常见的云纹外，大量的则是文字瓦当，按文字的内容可归纳为：宫殿类、官署类、祠墓类、吉语类4种。瓦当中间多有一个鼓起的圆泡装饰，外面有同心圆纹两周，划分成内外两个圈，圈间饰花纹与铭文。陕西茂陵出土的圆瓦当，外围8字为"与民世世，天地相方"，内圈4字为"永安中正"，字体为篆书，布局协调，这可能是汉武帝茂陵寝宫所用的瓦当。茂陵陪葬的霍光墓附近出土的4字瓦当也有篆书"加（嘉）气始降"、"屯（纯）泽流施"、"光喻宇宙"。此种吉祥语瓦当，显然是用于建造祠堂或陵园用的。汉代带纹饰的图案瓦当，有不少画面仪态生动，如新莽时期的瓦当有青龙、白虎、朱雀、玄武4神，也有双勾纹和卷草纹。

据近年来在洛阳北魏故城遗址和北魏墓葬所用的砖瓦建筑材料获知，北魏板瓦呈褐色，质地细腻，火候较高。板瓦的瓦头处捏成花纹或锯齿状装饰，一般称为花头板瓦。板瓦内面多布纹，长49.5厘米、宽33厘米、厚约2.5厘米。筒瓦皆呈灰褐色素面带榫头，瓦的内面也为布纹，表面光润，一般长49.5厘米、径13厘米、厚2.3厘米。北魏城址还出土有琉璃瓦残片，这应是目前我国出现最早的琉璃瓦。瓦当的装饰主要有莲花纹、兽面纹两种，以莲花纹最多。莲花纹以6个双瓣宝装式的莲花，中间凸起一个圆珠，四周饰以联珠纹，径约15.6厘米，厚1.6厘米。也有七瓣八瓣莲花组成的瓦当面装饰。此外还有兽面纹瓦当，卷云纹和朱雀纹瓦当，文字瓦当很少见。瓦钉作扁平菱形，下有长柄，菱形中又交叉成4个小菱状孔。

内蒙古大青山乌兰花土城子古城中，也曾发现有子母口筒瓦、大板瓦以及莲花纹、兽面纹瓦当。在乌兰不浪的古城址中也发现有板瓦、筒瓦、瓦当。有些瓦当面上印有隶书"富贵万岁"4个字。山西云岗出土的北魏瓦当面上，印有"传祚无穷"4字。

在河北邯郸的邺城遗址中，有东魏与北齐时期的瓦发现。瓦以素面居多，质地坚硬厚重，背面印有布纹，表面有黝色的光泽。筒瓦皆有榫头（子母口），直径约16厘米，厚约2.5厘米。板瓦与筒瓦上多有戳记。《河朔访古记》记载说："邺城古砖，其纪年非'天保'则'兴和'，盖东魏、北齐之年号也。又有筒瓦者，其花纹与年号无异。"还有文字瓦当与莲花瓦当，末端微卷，莲瓣丰满。隋唐五代砖瓦、北周与隋之砖瓦上与北齐砖瓦相似，下与唐代的砖瓦相似。唐代的瓦与瓦当，略述如下：

唐代筒瓦，所见多碎片，大小不一，瓦长 11.3～20 厘米，宽 1.5～5.3 厘米，均为浅灰色。瓦的表面多为素面，里面有布纹。另也有一些绿色琉璃瓦片。

唐代筒瓦

板瓦，亦多见残块，大小不等。其中有一件完整的板瓦长 43 厘米、宽 26 厘米、厚 2.1 厘米。瓦的表面多素面，背面有布纹和磨光两种。

瓦当，多系花纹瓦当，其中以莲花纹瓦当较多，不同的花样有数十种之多。另有菊花纹、兽面纹瓦当。莲花纹瓦当的花瓣有肥有瘦，有长有短。一般是瓦当的中部有一凸起的圆珠心，瓦的周边有凸起的圆圈，从莲花中心向周围伸出莲花瓣。瓦当直径为 14～15 厘米。在莲花瓦当中也有少数琉璃瓦当发现。

另外，还发现有琉璃滴水和残陶鸱尾，鸱尾多似龙形。

唐代还有建筑实物留存，如五台山的佛光寺，宋、辽、金、元、明、清历朝几乎都有留存，且时代距今越近，保存越是完好，有真实标本可以观察。至于墓葬所见砖瓦及仿木结构砖雕等虽可供建筑考古参考，但与实用的民居建筑还有区别。

砖

砖的烧制并应用于建筑，似乎比瓦要晚得多，其确切年代还有待考古资料的证实。砖字的本义是塼。砖在汉代称为瓴甓和墼，但使用砖的锥形泥坯土墼，却早已在河南淮阳平粮台先商城址和河南北部龙山文化遗址中的房屋墙壁中就出现了。

这些土坯墙遗存高度约 1 米，土坯的砌筑法为上下错缝。安阳八里庄发现的龙山文化晚期房基中也发现有土坯修筑的墙壁。目前发现最早的砖是山西侯马春秋时期遗址中的少量遗存，数量不多，有长方形与方形两种。

第五章　陶器的器型

战国时期除长方形砖、方形砖以外，还出现了凹槽砖、几字形砖和空心砖。

（1）长方形小砖。砖的长度、宽窄、厚薄都不尽相同。在河南新郑郑韩故城内的仓城冶铁遗址中，发现一片用长方形小灰砖铺设的地坪，砖的大小不尽相同，有不少砖的四壁也不够整齐。据此推测，这种小砖可能不是模制，而是以砖泥

印花方砖

铺于地坪，尔后用特制工具划切而成。砖的大小一般长15~20厘米、宽10~20厘米，这种长方形小砖多是素面，胎质与制作都较粗糙。

（2）方砖。在秦都咸阳和燕下都等地，都有一些发现，其形制为方形薄砖。从方砖的周边和砖面来看，制作一般规整。制法可能是模制成型，压制成砖坯晾干后再入窑烧制。方砖的边长约25~30厘米，厚度约4~5厘米左右。秦都咸阳出土的方砖面上印制有平行线纹、方格纹、太阳纹、米字纹等。河北易县燕下都出土的方砖面上拍印有"山"字纹装饰。湖北江陵楚都纪南城出土的方砖面上，拍印有"米"字纹、蟠螭纹装饰。登封阳城出土的铺地方砖均为素面。

（3）凹槽砖。河南新郑郑韩故城遗址内曾有发现。砖的正面拍印纹饰，背面中部挖有一个近长方形凹槽。凹槽砖的制法也应是压模制成。纹饰一般在同一块砖上只有一种，但也有两种纹饰的。砖面上的花纹拍印完毕后，去掉木框模将砖坯翻过来，在砖的背面用刀具挖制一个口部略小于底部的长方形凹槽，凹槽的周壁和底部皆不加修整，待晾干后入窑烧制。砖表的花纹有在方框内拍印米字形纹或半月形螺旋纹。据凹槽砖出土时的使用情况推测，其用途有二：一是铺地，二是装饰墙壁用。新郑阁老坟的一个地下室冷窖藏内，用这种凹槽砖作铺地和装贴墙壁，其方法是：在土壁墙上先涂抹一层草拌泥，然后将凹槽面粘贴在草拌泥面上，花纹面向外，形成砖与砖错缝的花纹砖墙壁。战国时期的大型建筑墙壁可能就是在土墙表面先涂上一层草拌泥，再粘贴上花纹凹槽砖，形成早期的砖筑墙壁。

（4）栏板砖。在河北燕下都有发现。它是作为大型宫殿建筑外面的栏板

用的，类似后世建筑的石栏板。在栏板砖的两面还刻有双兽纹装饰，兽作蹲伏状，俯首翘尾，姿态生动，为我国目前发现最早的栏板砖。

(5) 几字形砖。在河北燕下都、咸阳和山东临淄等地都有发现。砖的形制为长方形，平面两侧边有壁，断面呈"Π"形。砖的两端分别有榫口可以衔接。这种"Π"形砖的用途，可能是作宫殿顶部的脊砖使用。"Π"形砖皆为泥质灰陶，素面无纹饰。

秦代因为建筑技术的发展和新的工程需要，作为建筑构件的砖品种也有增加。秦代的长方形小砖，多用于铺地，除素面外，也有饰印太阳纹、米格纹、小方格纹等。在秦始皇陵出土的长方形小灰砖中，有规格大小不同的3种类型，砖面上均饰有细绳纹。有的还在砖的一端或侧面印有"左思高瓦"、"登宫水"、"宫屯"等铭记，这些文字可能是官名或监工名及驻兵地点的名称。此外，秦代还出现了五棱砖、曲尺形砖、楔形砖及子母砖等。五棱砖可能是用于屋脊，曲尺形砖似用于建筑房屋墙壁转角；楔形砖为一头宽，一头窄，呈楔形，也有在砖的窄头中间凸出一个榫头，在宽头一端中部有一卯口的楔形子母砖，多用于砌筑拱券用的。秦代的空心砖面仍多饰米字纹。

汉代砖，特别是小砖的种类，比战国和秦代大为增多，其类别可分为长方形小砖、方形砖、空心砖3种。制作方法均为模制，颜色主要是灰色。各种砖面或侧壁上除少数为素面外，大都饰有花纹或模印画像。画像内容反映出汉代的人物、鸟、兽、舞乐杂技和建筑等方面的生活情景，是研究汉代文化艺术的重要资料。

汉代建筑房屋、券墓、券井、铺地等方面均已大量使用长方形小砖。砖的形制可分长方形砖、长方楔形砖、长方楔形子母砖和弧形砖等。

(1) 长方形小砖。一般砖长25～35厘米、宽14～18厘米、厚5～8厘米。砖的宽面多饰绳纹。东汉时期有些砖的一个侧面上多饰有斜线条纹，交错线条纹、圆圈纹、双勾纹、斜十字纹等。也有少数长方形小砖的侧面印有文字，并且还发现有纪年文字。

(2) 长方楔形砖。砖的断面呈梯形或楔形。这种砖曾见用于券井，其券的方法是薄面向内，厚面朝外，用数十层重叠券成圆形井筒。也有用于券筑墓室拱顶。

(3) 楔形子母砖。形制和楔形砖相同。只是在砖的一端中部凸起一个榫头，另一端中部有一凹槽卯口，拼砌时榫头插入卯口内。这种砖与长方楔形砖的用途相同，但较考究。

（4）榫卯弧形砖。断面为弧形。这种砖专用于券筑井筒壁。每层用8个弧形砖横立排列，其弧度当为45°，上下层砖缝错开券成圆圈形。

（5）弧形子母砖。一端有榫头，一端有卯口，用途同上。

（6）画像砖。画像是用雕刻木模在砖坯上压印而成。画像砖的内容一定程度上反映了当时社会生活，特别是独幅画像砖，每一幅都是艺术价值很高的版画，其中最突出的是四川东汉画像砖，题材广泛，内容丰富。第一类题材是反映当时的各种生产活动画面，如播种、收割、舂米、酿造、盐井、探矿、采桑等，是当时社会生活的真实写照；第二类题材则是各种建筑设施，如阙、观、庭院、室内陈设等，反映了当时邸宅、官衙建筑的情形；第三类题材是表现汉代社会风俗的，如集市、宴乐、游戏、舞蹈、杂技等；第四类题材为车骑出行题材的画像砖，形象地描绘了当时的统治阶级出则伍伯前驱、骑吏、鼓吹等前导，属车随从；第五类题材为神话故事，这是一种特殊的砖，多是成排镶嵌在小砖券筑墓室的两个侧壁中部，也有少数镶嵌在墓室甬道的两侧中部。这种画像砖在墓内是墓主生前的生活写照，它与汉墓壁画、汉墓的画像石有同样意义。凡镶嵌有画像砖的墓多为东汉时期官僚地主阶级的墓葬。

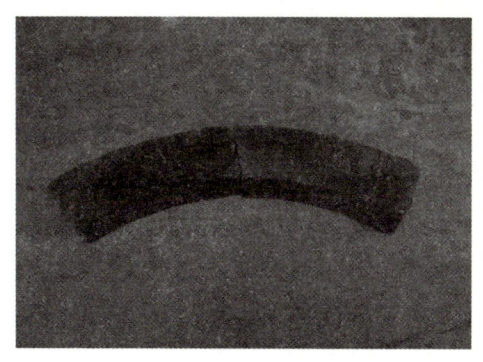

弧形子母砖

北魏时期的大型建筑物上，使用砖瓦的种类很多，建筑规模也相当大。如《洛阳伽蓝记》云："太和十七年（293年）高祖迁都洛阳，司空公穆亮，营造宫殿。"其后，又有匠作大师蒋少游，设计兴建洛阳的宫殿台榭。洛阳城北魏遗址中，宫城里有御道，两侧有官署、社庙、寺院和里坊，是当时北方最繁荣的城市。

在北魏宫殿遗址中还出土一些大砖，长约57厘米、宽49厘米、厚6厘米。大砖面上塑有神态凶猛、巨口虬须、怒目獠牙的兽面纹，造型生动，气象宏伟。大砖背面还有两孔备穿钉使用，可能是装饰在墙头的一种贴砖。值得注意的是还发现有形体庞大的陶鸱尾，尾呈扇形，胎质灰褐色，这是我国目前发现时代比较早的陶鸱尾。

从这些砖瓦构件看，大都是用于宫殿和大型建筑物。此外，在板瓦与筒瓦上多刻有制瓦时间、匠工姓名、工种和主管名字等文字。如"主",即瓦窑主,"削人"即削瓦工,"昆人"即打磨瓦面工匠,还有"轮"、"匠"等名称,说明当时制瓦工场生产规模大、分工细、工匠多,仅洛阳发现的瓦文记录工匠姓名的就有两万多个。

制砖业似乎是先发展于北方,起因于建造宫殿和修建墓室,但到东吴、西晋以后,开始普及于南方。田野考古发现的有纪年的砖,有吴"天玺元年(276年)六月四日孙子徐建作"砖铭的吴砖和"元康三年(293年)一月作"、"永和四年(384年)城阳灵氏作"砖铭的西晋、东晋长方形砖。在浙江绍兴、漓渚、汤溪、古方等地还发现了南朝烧砖的窑室,其中漓渚一地就有8处之多。但战国、两汉中原地区常有发现的空心砖则未见有报道,这可能是江南一带习惯木构建筑和葬制有异的缘故。南方制砖工匠也有他们的创造,例如在南朝墓葬中发现的大型镶拼壁画,就是值得称道的创造。

这一时期的砖,普遍为长约35厘米、宽17厘米、厚5厘米左右的长方形砖。有些砖上还印有五铢钱纹、斜线纹或双十字纹等。东晋的砖花纹简单,也有模压印花多砖拼成一个画面,并加上榜题,如南京迈皋桥永和四年墓出土的龙纹砖,由凸起的阳线勾勒的龙,昂首张嘴,越尾疾奔。上角有一"龙"字榜题。也有在砖的四角上,题以"虎啸山丘"4字。南朝以后,这类模印花纹砖发展为由数十块甚至数百块砖拼组成一幅大型画面,题材内容也变化多样:有狮子舞、羽人戏、竹林七贤等题材,形象生动,表现了这一时期砖的特色。在河南邓县发现的一座南朝画像砖墓,墓内的墙壁上,镶嵌着印制有马、龙、鸟等禽兽和人物故事的画像,并着有色彩,具有较高的艺术价值。

在广州发现的西晋墓砖上,还有"永嘉世,天下荒,余广州,皆平康"和"永嘉世,九州空,余吴土,盛且丰"等铭文。

隋唐时期的砖也有长方与正方两种。长方形砖大体可分三类:

(1)长方素面砖。大者长32.2~35.5厘米、宽15.3~18.7厘米,厚5.5~6.8厘米,其中有的长边抹斜,多用于包砌城墙。小者长25.5~26.3厘米、宽12~

西晋墓砖

12.5厘米，厚4~5.4厘米，多用于砌筑房屋墙壁或筑墓室。

（2）长方绳纹砖。砖面印制有直绳纹、斜绳纹、横绳纹等3种。砖长31~37厘米，宽16.5~29厘米，厚5.2~7厘米。也发现一些残绳纹砖面上刻划有双X纹和方格纹的。

（3）长方带字砖。发现尚不多，且又残损。其中完整的一件长37厘米、宽18厘米、厚6.5厘米，砖上横印有"宫记"两字，也有残砖上横印"新"字的。另也有在砖上印制着工匠姓名，如"匠王兴"、"匠胡行"、"匠冯白口"、"宫匠申诞"等。这些长方形砖，多数用于城内宫殿与房屋的建筑。

正方砖的厚度一般为5.5~6.5厘米。砖的一面多印制有花纹，其中有饰绳纹的，绳纹间又加饰有方格纹、米字纹，也有在中部饰印莲花纹，周边和四角饰其他纹饰，这类砖可能多作为铺地坪使用。洛阳隋唐含嘉仓内出土的唐代砖铭，也多是在方砖上雕刻而成的，在河南安阳修定寺唐塔周围，曾镶嵌有许多方形雕砖，雕砖内容以人物和花草为主，雕刻精细而生动，为传世的唐代重要艺术品。

知识链接

西汉画像砖

中国古代的陵墓文化发展到秦汉时期，形式和内容都越来越丰富多采，出现了画像石、画像砖等建筑装饰。主要产地在河南省的南阳、郑州、洛阳，四川省的川西平原地区，陕西、江西、江苏、云南、湖北等地也有发现。画像砖是一种融绘画与雕刻为一体的艺术，先做好刻有画像的木模，再压印在半干的砖坯上，然后放入窑内烧制。为了加强艺术装饰效果，往往还在烧成后施以彩绘。表现技法可分为阴线刻、减地平面线刻、浅浮雕和高浮雕几种。

空心砖

空心砖也属砖的一种。这种砖形体巨大，颇似于现代建筑的空心水泥板预制构件，是工程力学在制砖技术上的一种新的运用；其次是这种空心砖，虽在古代宫殿遗址有所发现，关于它的用途有种种推测，但更多的似乎使用于墓葬作为代替木椁的材料；其三是空心砖面压印的花纹可作美术考古的资料。

陕西关中地区和河南郑州等地的战国墓葬中都有空心砖发现，其形状为大型中空长方形条状。已发现的战国空心砖，一般长 1~1.5 米、宽 0.3~0.4 米、厚 0.2~0.25 米。砖的上下面和两侧面皆为平面，两端挖空成两个圆孔或长方形孔。砖的正面印有纵横成行的花纹装饰，其他三面为素面或饰绳纹。郑州一带的空心砖表面多饰带方框的多格"米"字形花纹，邯郸的空心砖表面多饰绳纹，秦都咸阳宫殿区所出土的空心砖表面饰印有方框多格"米"字纹、回纹、菱形纹、龙纹和凤纹等，其中的龙纹、凤纹形态生动，有较高的艺术价值。

空心砖的制法，似系模制，但如何模制，尚待作复原研究。空心砖的端部挖有长方形孔或两个相通的圆孔，它的作用可能是因为砖的形体厚大，在窑炉内不易烧透，因此，在砖的两端挖孔可使火焰进入砖的腹腔使其烧透；其次，作用是在搬运空心砖时，可在两端孔内插入木棍便于搬动；最后是可以减轻砖的自重。巨型空心砖的出现，说明在距今 2000 多年前战国时期的工匠，已经懂得空心物体所能承受的压力与实心物体所承受的压力相等的原理，并将此原理运用到制作大型空心砖上面，这是战国时期工匠们在工程力学上的一项重大发现与创造。

战国空心砖的用途，曾有人认为砖的形体大、空心，敲击砖表能和砖腔发出共鸣的声音，因此推测为是放置琴用的琴桌，故曾叫"琴

特大精美黑漆汉代空心砖

砖"。也有人认为砖的形制大、制作精，推测空心砖非一般建筑所能使用，只有建筑宫殿才能使用，故叫它"宫砖"。通过多年的考古发掘证明，空心砖主要用于建筑墓内的椁室，用以代替木材构筑的椁室。河南郑州二里岗和岗杜一带，已发掘出数十座战国时期的空心砖椁墓，其结构是椁底为空心砖并列横铺7块或9块，两侧壁各侧立两层4块，两个横头各侧立重叠两块，顶部并列横盖7块，形成一个完整的长方形椁室，椁内放棺。用空心砖作椁室，可能出于防潮的考虑。空心砖坚硬结实，平整美观，修筑方便，可作大型建筑栏板墙使用，如在咸阳秦都宫殿区曾发现有各种图案花纹的战国空心砖，多数有可能是用于宫殿周围的栏板。至于是否用于宫殿的墙壁、台阶，目前尚未发现可靠资料。

空心砖到汉代又有很大发展。空心砖面的花纹装饰更为丰富多彩，特别是东汉的画像砖内容更成为世家豪门、地主望族生活风俗的写照，不仅有很高的艺术价值，对研究中国社会史也有较高的价值。

汉代的空心砖都是用以构筑墓内椁室的，因为椁室形制的不同，和空心砖在椁室构筑中部位的差异，形制也不一样，大体上椁室有屋脊形与箱形两类，长方形空心砖多用于箱形椁室，只是砖的大小有些不同而已。

至于屋脊形椁室所用空心砖，由于建筑结构较为复杂，作为这种椁室构件的空心砖其形制种类也相应的复杂多样，这些空心砖可以看作现代板式结构建筑和预制构件的先河。显然，这些空心砖，是应丧家的要求，由窑工专门烧制的。烧制这种巨型空心砖，要使烧成以后尺寸吻合有相当的难度，可能需要特别的窑炉和熟练的制陶、烧成工艺。

汉代空心砖的表面多拍印各种花纹装饰，一般是在砖的两侧面饰以浅线纹或绳纹，在正面和背面周边拍印绳纹做框，框中则多拍印纵横成排的几何图案纹饰。常见的有柿蒂纹、卷云纹、四点纹、三角纹、S形纹、斜方格纹与曲折纹等十多种，其中以变形柿蒂纹最常见。到东汉时期又出现了画像空心砖，有门阙建筑、山峰、人物、车马、狩猎、舞乐、禽兽、驯兽、斗鸡、神话人物、四神等，人物有执戟、执笏、击剑、车骑等，都由单个印模按预定的画面布局打印拼组而成一幅同中有异、异中有同的画面。这种画像砖主要出土于中原地区。

制陶、纺织与渔猎工具

1. 陶锉

多见于仰韶文化遗存中，因器型近于现代的铁锉，故名。此物或是古代所称的陶觊。如是陶锉，可能用作整治陶器胚胎；如是陶觊，则可能用于洁手或洗涤。

2. 陶刀

也多见于仰韶文化遗存中，系用残器碎片磨成，形状为横长方形或弧角长方形，一边磨刃，因类似仰韶文化的石刀，故名。刀的中部有钻一个或两个圆孔的，或是用于刈禾的镰刀。

3. 陶纺轮

出土数量较多，在各地的新石器时代遗址和夏、商遗址中都有发现。为圆珠形，中间有一圆孔可以作纺柄。陶纺轮有 3 种：一种为上下平面，周壁直；一种为上下平面，周壁圆鼓；另一种为上部呈半球状，底部平，周壁较薄。陶纺轮一般直径为 3～4 厘米、厚 1.3～1.5 厘米，多为泥质红陶或灰陶，黑陶少见，且多素面磨光，也有一面或两面刻有记号或简单纹饰。屈家岭文化遗址有彩陶纺轮出土，纺轮一面用红色或黑色彩绘制有十字纹、弧线纹、螺旋纹和对称的直线纹等图案花纹装饰。

4. 陶抵手

在我国各地的新石器时代和夏、商、周遗址中多有发现。其形状多为上面平，下为半球形，平面中部有一细圆柱近似杵形柄，倒看形似蘑菇。所见以泥质红陶居多，灰陶很少，表面磨制光滑。其用途有人认为是在制作陶坯时，为了防止器表拍印纹饰时器壁凹陷，用陶垫子在器内支持拍印，故称"陶垫子"。也有人认为它是打磨陶器表面的抛光工具。

5. 陶网坠

在各地的新石器时代和夏、商、周遗址中都有发现。常见的有两种：一种为扁球状椭圆形体，在器中部有一凹槽；另一种为扁圆柱体，器的两端各有一个凹槽，多为细泥质红陶和灰陶。由于器型似石网坠而得名。

6. 陶弹丸

在各地新石器时代和夏、商遗址中曾有少量发现。其形为圆球状，表面光滑，大小不等，一般最大直径约为 4 厘米，小者约 2 厘米。泥质红陶与灰陶兼有。有人认为是狩猎所用的弹丸。

陶制火炮弹丸

7. 陶印模

多见于商代，皆泥质灰陶，扁平椭圆形，背面为扁圆握柄或有鼻，面上刻有许多阴线方格纹，纹样与商代中期陶簋、陶盆上腹部印制的方格纹带条相吻合，出土于商代中期的制陶作坊里，它应是拍印商代中期方格纹的陶印模。另一种为扁椭圆长条形，器的一面刻有阴线横行夔纹图案，这和郑州商代中期有些陶罍上的夔纹相同。

铸造青铜器的范模

铸造青铜器的陶范模类似现代铸造金属的砂型，制法是用掺有细砂的陶泥，制成各种形状的内范（范芯）和外范（外模），在窑炉内稍加烘烤，火候很低，呈红色或棕红色的范模（灰陶范少见）。用范模铸造各种青铜器的优点是，由于烧制陶范的火候较低，胎质疏松，透气性能较好，热传导快，铸造时在高温铜汁注入后，不会因骤热而炸裂。

夏代铸造青铜器的陶范模，在河南西部一些二里头文化早期遗址曾有少量发现。部分陶范块上还粘附有铜锈，因遗物过于残破，陶范铸器的形制已难分清。

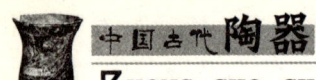

陶范在河南偃师二里头早商遗址、郑州商代中期铸铜作坊遗址和安阳殷墟商代晚期铸铜作坊遗址中都有发现，其中以郑州和安阳铸铜作坊遗址中发现的数量最多，有容器范、工具范、兵器范和其他杂物范。容器范多是用两扇外范和范芯合成，常见的有爵、斝、觚、觯、尊、鼎、鬲、壶等外范和范芯。外范里面多有阴线刻制的饕餮纹、云雷纹、夔纹和弦纹等美观的图案装饰。工具范多是用上下两扇外范合成，但也有采用外范与范芯合铸，如顶部中空的青铜镬，就是用两扇外范和一个范芯合铸而成。工具范有镬、刀、铲等。兵器范也多用上下两扇合铸。但也有用两扇或三扇外范和一个范芯合铸，如下部中空的青铜矛和青铜容器，就是用外范和范芯合铸，所见有矛、镞、戈、戍等陶范。

在河南洛阳庞家沟西周铸铜作坊遗址中，曾发现大量带有各种图案花纹装饰的青铜容器陶外范块，并有一些范芯块。少数外范块可以看出是铸造青铜鼎、觚、斝、尊的外范。

山西侯马和河南新郑春秋时期的铸铜作坊遗址中也出土有许多陶范，其中有铸造青铜容器、工具和兵器的范块，铸造青铜容器外范里面也多刻有阴线图案花纹。新郑铸铜作坊遗址中还发现有铸造布币的钱范。

铸造铁器的范模

已发现的实物证明，我国在春秋晚期已经有了铁器，而到了战国时期，我国冶铸铁器的手工业已经有了很大的发展。在河南新郑的郑韩故城登封阳城等地，已相继发掘出两处战国时期铸铁作坊遗址，并出土了大量的铸造铁器的陶范。其中以铸造镬、锄、削等铁器的陶范最多，并有一些镰范、带钩范和凿范。这些铁器的制造除铁镬是两扇外范和一个范芯合铸外，其余均为两扇陶外范合铸。陶范的胎质多为细砂质红陶。

铸造铁器的陶范在汉代铸铁作坊遗址中仍有很多出土，如在河南、山西、河北等地的汉代铸铁遗址中，曾出土了大量的铸造铁器的陶范，其中以铸造犁、铧、锄、镬、镰、斧等工具的外范数量最多。还有一些铸造车器的陶外范，其铸法也是用上下两扇陶外范合铸而成。还有用多层外范和范芯叠铸的。范的胎质和颜色，也是以细砂质红陶为多。特别是在河南温县发掘出一座汉代烘范窑内还保存有大量叠铸车軎、车辖等陶范。这种制范浇铸方法是很先进的。

坩埚与炉具

在郑州商代中期铸铜作坊遗址和安阳殷墟商代晚期铸铜作坊遗址中都发现用于冶炼青铜的工具——坩埚。郑州商代铸铜作坊遗址中发现的炼铜坩埚有两种：一种是用商代中期的大口、深腹、斜壁、粗砂质、厚胎缸，在器的外壁涂上一层砂质泥作坩埚使用，出土时砂质缸的内壁还粘附有青铜炼碴和木炭等残留物；另一种是用商代中期的敞口、深圆腹、圜底泥质大口尊，在器的内外糊上砂泥作坩埚使用，出土时在器的内壁也粘附有较厚的青铜炼碴和木炭残留物。安阳殷墟铸铜作坊遗址中，曾发现用大口深腹厚胎砂质俗称"将军盔"的容器作炼铜坩埚的。

鼓风管是古代冶炼铜铁的重要工具之一，在河南登封的战国阳城铸铁作坊遗址中，发掘出炼铁用的鼓风管，为一头粗、一头细圆筒拐角形，粗泥质灰陶，器表饰绳纹，出土时有些陶管头部被烧成红色。

陶井圈（井甃）

水井的发明使用，使人类定居生活能不依赖地面的水源，扩大了人类定居与活动的范围，水井的存在也意味着有相当人口的人群聚落的形成。田野考古发现最早的古代水井是那种临近地面水源的渗水井，如浙江余姚河姆渡遗址的水井，就是一种以圆木搭成井字形井壁支护的渗水井。在江苏吴县澄湖水湾湖底发现的古井群中，属于崧泽类型（距今约5500年）的古井是土坑井。夏、商、周时期的古井也多为土坑井，而战国秦汉以后的古井，则分别出现了井甃和榫卯砖、楔形砖及普通砖支护的井壁。

井甃虽多见于汉代遗址中，但却以河南新郑郑韩故城内外发现战国陶井圈为最早。井甃一般上下口径相等，这种井圈要求周边质地均匀，受压后可以均匀地传到四周。

新郑郑韩故城已发现的10余口水井所用井圈，少则六七节，多则十余节。井圈口径各井不同，高度也不同，口径80～100厘米、高45～50厘米，圈壁厚2.5～4.0厘米，大致时代早的圈高而径小，时代晚的圈矮而径大。井圈胎质多为泥质粗灰陶，细砂质灰陶与红陶少见。也发现有井圈胎泥中掺有

绿釉陶井圈

麦秸与谷壳,圈的外壁则饰绳纹。

也发现不少战国时期燕上都(今北京市)和燕下都(今易县)用陶井圈支护的水井。其圈高 30～50 厘米、直径 60～100 厘米,有些井圈口沿处还印有文字戳记,有的井壁还有渗水圆孔。

古代的给水和排水管道

迄今发现最早的陶质管道系统遗存是河南淮阳平粮台龙山文化城址的陶管道,这种管道是一种两端口径不等的管道,当时为了敷设时便于套接。管为泥质灰陶,表面饰以陶器常见的篮纹。

类似的陶水管,在偃师二里头、郑州商城、安阳殷墟商代遗址中都有发现,也属套接式,表面拍以绳纹。偃师二里头的陶水管为泥质灰黑陶,胎质也较细腻,长 42 厘米、直径 13.5～14.4 厘米、壁厚 1.02 厘米。郑州商城制

汉代的陶水管

陶作坊出土的陶水管与之基本相似。殷墟出土的水管有三种：一种与商代早、中期相似，为套接式长圆筒；第二种为两端口径相等的圆筒，通长42厘米、两端口径皆为21.3厘米，壁厚1.3厘米；第三种为三通管，即在两端口径相等的水管中中部一侧有一圆孔，在圆孔外又粘接半截水管。它很像现代自来水和排水管的"三通管"，其用途也和现代的三通管相同。安阳殷墟白家坟村西，曾发现埋在地下一条为南北向的陶管道，另一条为东西向的陶水管道作"丁"字形相接，相接处就是采用了这种三通管。从这些管道的用途看，可能都是作为排水管道使用的。

西周的陶制水管，口径较粗大，比商代水管长，器表仍饰绳纹，水管细头施几圈弦纹丝扣。多发现于周原和丰镐西周旧都遗址。

春秋时期陶水管形制与西周相同，沿用商以来的榫接（套接），细端无绳纹，但加施几道弦纹丝扣。

伴随着建筑技术的进步，战国时期各国营建的城邑、宫殿，其陶制管道又出现了新型设计，除普通的直管、三通管，还有弯管、四通管和四通开关管等。用各种水管套接成的管道系统，在河北燕下都、陕西栎阳、咸阳、湖北纪南城、山西牛村古城、河南登封阳城等地均有发现。在已发现的陶水管道中，有作为排水管道用的，也有类似现代给水系统设施的管道。河南登封古阳城城址内，就发掘出有许多陶水管道和蓄水池组成的给供水系统设施。已发现的各种陶水管道形制有：

（1）圆筒形水管：在细头一端出现了一个细口榫，似为由直头榫接向子口榫接的过渡。细头处绳纹部分被磨去的地方有几周旋纹，水管一般长为58~64厘米，细头口径为11~12厘米、粗头口径为16~17厘米。在河南登封古阳城遗址内发现的输水管道的套接长度，最长的一条是由城外铺设到城内，套接总长700多米。在陕西咸阳，除发现有大型排水管，还发现有横断面呈三角形的排水管，管的表面饰绳纹。

（2）弯头水管：弯曲角度为90°，大致是细头一端长，粗头一端短。

（3）三通水管：与上述商代三通管相同。它的用途可能有二：一是作为管道中间加设分支管道时使用；二是为了使埋入地下的陶水管道里面透气性能好，所以在管道中间相隔一定距离加设一节三通管，使丁字形管口向上，并在管口上盖一河卵石或陶罐加以保护，这种盖有石或陶罐的三通管，在登封古阳城内就有不少发现。三通管外壁仍饰绳纹，细头处加饰弦纹。三通管的丁字管长度一般为20~24厘米、口径16~17厘米。

（4）四通管（双丁字形管）：其形制是在陶三通管的基础上再在管的一侧增加一个半截圆筒形管，登封古阳城内的陶水管道中已有发现。其用途应和三通管相同，也是两道管道作丁字形交叉时作套接使用，但其中另一管道的口部多向上，管口也多盖有河卵石或陶罐。特别是还发现有在四通管的中部挖有与水管方向成直角的槽口，此口可能是用小木板装入管内作闸水开关使用。陶管外面饰绳纹，可知战国时期输水管道的设施已相当完善。

秦始皇陵附近，曾发现一种漏斗水管，圆形直壁圆底有漏水孔，孔下有流水漏斗，应是下水道用品。

汉代的陶水管，除两端口径不一的套接水管，还有两端口径相近的子口榫接水管。

第六章

陶器纹饰

瓷器的装饰，从内容来看，包括构图、色彩和纹样三个方面。纹样，亦即纹饰，是中国传统陶瓷器鉴定的一个重要方面。中国陶瓷器的装饰纹样丰富多彩，陶器一开始的作用是用来祭祀等原始宗教活动场合使用的，发展到后来用于日常生活中，陶器逐渐大规模使用，使得陶器纹饰逐渐化繁为简，但又能起到恰到好处的点缀作用。让我们一起去领略陶器纹饰的独特魅力吧！

第一节
神秘莫测的动物纹饰

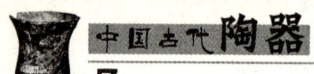

蛙纹

中国彩陶兴盛于氏族社会晚期,是图腾艺术繁盛的时期,而蛙纹是在彩陶上常见的一种纹饰。仰韶文化早期半坡类型出土的一件陶盆内壁绘有黑彩写实蛙纹,其头部半月形,两个圆点表示眼睛,躯体为圆形,上饰有点状纹,黑点大小不一,且不甚规整,风格古朴,憨态可掬,四足形态生动。仰韶文化中期庙底沟遗址出土的蛙纹饰于陶盆腹部,纹饰已残缺不全,可大致判定为蛙纹,总体风格与早期变化不大,但头部变小,仅有一黑点,身躯分隔为两部分。马家窑文化中也出土有完整的蛙纹,形象与仰韶文化晚期非常接近,但网格纹更为细密,头部未涂黑,双目以单独的圆内黑点表示。

蛙纹作为一种具有神性的图腾,不仅以其形式因素给人以艺术的享受,而且有着丰富的内涵,体现了原始部族的文化模式、思维结构、宗教观念等意义,演绎着中国文化中神性与人性的深刻含义。原始先民所生活的时代,生存环境与生存条件非常恶劣,生产工具也极其落后,人类的繁衍受到诸多制约。蛙因其多子而成为生命繁衍的象征,理所当然地受到人们的崇拜,视之为神。蛙图腾是蛙文化的重要表现,也是人类学最原始最重要的组成部分。

鱼纹

鱼纹是仰韶文化阶段彩陶上出现最早、使用最频繁的图案,一直延续到仰韶中期,长达千年之久。仰韶文化中后期,鱼纹已不再作为主题图案,只

第六章　陶器纹饰

是偶尔出现。鱼纹大多绘制在盆形器外壁的中上腹部，也有少量使用在圜底钵、瓶形器及器盖上。盆形器上的鱼纹图案一般比较规整有序，相对固定，器物周围一般绘有两条鱼，头右尾左，头尾相接，两条鱼纹之间有空白的地方多填充一条小鱼或其他花纹，在弥补了绘画缺陷的同时，又使得整体图案更加匀称

双鱼纹尖底罐（新石器时代）

生动。鱼是仰韶先民的图腾，鱼纹的普遍运用反映了他们对鱼的生殖崇拜。掌握了鱼纹的演变规律，对古陶器的鉴定大有裨益。在考古发掘中，考古工作者往往仅凭借鱼纹残片的局部纹样，就可判断出较准确的时代。

人面纹

人面纹最早出现在仰韶文化早期和中期，是半坡类型彩陶最具代表的纹样。在这一时期的陶器上，神秘的人面纹与鱼纹巧妙地组合在一起，令人产生无限的遐想。人面多作圆形，眼或睁或闭，脸的上部和下部是黑底白纹，中间为白底黑纹。黑白对比的装饰效果明显。头顶、太阳穴、嘴等部位多装饰有鱼纹或向上弯的钩纹。人面的头顶一般画出半圆状的束发，并插有横的发笄。这可能是因为原始人在水中捕鱼时只露出头部，捕到鱼后或衔于口或系于头上，腾出双手来继续捕鱼。也有可能是早期原始的动物崇拜的体现，由于当时人们的生存环境较恶劣，常常遭到水的威胁，以致人们希望自己有鱼的本领或者能变成一条鱼，这些想象便自然产生对鱼的崇拜。也有学者认为，图案中鱼的人面是史前巫师的形象。

鸟纹

鸟纹是常见的陶瓷装饰纹样，最早出现在河姆渡文化和仰韶文化半坡类型遗存陶器上。战国时期的楚文化陶器，流行彩绘凤鸟纹的形象。秦汉时期，人们受四神观念影响，灰陶、原始青瓷、铅釉陶器和画像砖、瓦当等建筑用

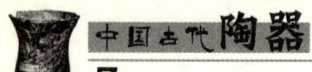

陶上常见朱雀纹。魏晋时期谷仓罐上多见觅食的小鸟，也有盒盖顶钮为鸟形，多以贴塑形式出现。唐宋以后，受中国画影响的鸟纹多与花卉纹相结合，习惯称"花鸟纹"。

鸟纹弧带纹倒齿纹钵　　　　　面纹陶罐（夏代）

猪纹

猪是古代劳动人民用野猪驯化而成的，根据考古可知，早在河姆渡文化时期，民间将其列为六畜之首证明先民早已饲养家畜。这一时期的遗址中既有绘在陶器上的线刻猪纹或稻穗猪纹图案，也有圆雕陶猪。河姆渡遗址出土的黑陶椭圆形钵，是已经发现的最早的用猪纹作装饰的陶器，刻划精美，线条粗犷，鬃毛毕露，猪身上装饰有圆圈纹和叶纹。

夔龙纹

夔龙纹原是商、周青铜器上的纹饰之一，龙的侧面形象为张口、一足、卷尾，整体协调、简洁、明快，又有一定的装饰意趣，后被运用到陶器装饰上。

夔凤纹

一种传统的陶瓷器装饰纹样，形象为有华冠的兽头鸟身，新石器时代某些文化遗存陶器上常见。凤是远古氏族图腾的一种标志，古代称凤凰为瑞鸟，在传说中十分神秘奇异，通常有祥瑞的寓意。

饕餮纹

传统陶瓷装饰纹样，又称"兽面纹"，通过把现实中的动物进行抽象处理之后所得，具有浓厚的传承性。饕餮纹是青铜器或陶器的常用纹样，布局一般以兽面的鼻梁为中线，两侧对称，大眼、有鼻、双角，通常无下唇。也有用两个夔纹对称排列的。饕餮纹始见于新石器时代晚期，良渚文化出土的陶器，还有二里头文化早期的灰陶器上都发现有刻划的饕餮纹。商代中期是饕餮纹的极盛期。

第二节
其他典型陶器纹饰

绳纹

绳纹是新石器时代到汉代的一种常见的陶器纹饰，它是将绳索缠绕在陶拍上，然后在陶器表面拍印成的，也有的是压印上的。压印的绳纹比较规矩，很整齐，拍印的往往较杂乱，不规则。绳纹可分粗细的不同和疏密的不同，极纤细的绳纹又被称为线纹。绳纹有时成交错状，或形成网格纹。粗的绳纹可以在陶器表面造成凹凸不平之状，这能够增加陶器的耐热性和受热效果。虽然绳纹在早期使用相当普遍，但是仔细观察和比较，还是能区分出绳纹之间的差异与变化，对绳纹陶器的断代和文化特征很值得予以研究。

篮纹

篮纹是一种像编制成的篮子筐面压印成的纹饰，有人认为这是最早的陶

新时期时代篮纹陶器

器纹饰,其实不然,考古发现的篮纹陶器,是在新石器时代的中、晚期,更早的篮纹并没有发现。实际上篮纹并非用篮子,而只是用一块编织物做成陶拍,而更主要是在陶拍上刻制出编织物形式的纹样,在陶器表面拍压出来的。事实证明,古代的篮纹陶器并不普遍,在仰韶文化和一些龙山时期文化中,以及齐家文化中所见篮纹的数量,其所占比例都很低,除此之外,汉代也偶有所见。迄今为止还没有更多的篮纹陶器发现。

弦纹

弦纹是环绕陶器一周,或凸或凹的线条构成的纹饰,有时由数道线条组成。凹弦纹多是陶器旋转时划出来的,凸弦纹则是旋转时挤压成的凸起线条,可能也有别的方式形成的弦纹。一般轮制陶器中,弦纹比较多见。弦纹往往显得简洁，若干弦纹组合在一起，颇有韵味，和其他纹饰相配合，弦纹常起到分隔与联系的作用。弦纹在仰韶文化中开始出现，早期新石器文化几乎不见。

篦纹

篦纹是指利用梳篦一样的工具齿尖，在陶器表面戳印或刻划，从而形成的一种纹饰，它的特点是造成一组连续相同的篦点或"之"字形图案，这在我国东北地区的新石器时代文化中比较盛行，新石器时代早期就已经出现，一直延续到新石器时代晚期。在别的地区一般较少见。有的地方见到类似的篦点纹，但并非篦点，而是戳印的连续点纹，不是一回事。

暗纹

暗纹是用头端钝圆的工具在陶器坯体较光滑的表面划出的纹饰，它没有明显的划痕，只有在一定的角度时，才能看到划出的图案。这种纹饰较显特殊，带有趣味性，但一般纹样都很简单，而且有不少是施于陶器皿内部的，和彩陶中的内彩相似。暗纹是利用陶器表面反光或光亮的差异而显现出来的，是在新石器时代中晚期以后才产生的，它的装饰效果不强，因此一般比较少见。东周时期，有的仿铜陶器表面见有暗纹，效果不错。

划纹

划纹是以施纹方法而命名的纹饰，是用尖锐的工具在陶器坯件表面划出的图案。划纹比较普遍，在新石器时代早期已见少量，随后渐多。在比较发达的一些新石器时代文化中，划纹陶一般不占重要地位，数量上相对较少，而在一些边远地区和欠发达的新石器文化中，划纹却经常是一种较主要的陶器纹饰，占有相当重要的地位。这也许说明划纹是较简单容易的一种施纹方法，使用也很随便，工艺技术也就相对低一些。划纹表现的图案有明显的差异和文化属性，有时是刻划成的图画。其中仍然有许多精彩的、工艺价值颇高的划纹陶器。划纹不仅在史前流行，在其后的历史时期仍然继续存在。

刻纹

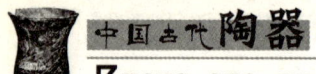

刻纹是和划纹相类似的施纹方法，刻纹所不同的是工艺讲究，它是一种雕刻手法，刻划的同时，也剔，从而形成凹凸相间的形式，呈现阳纹图案。刻纹是铜器时代的产物，大概是来源于青铜器工艺的。刻纹陶器多是仿铜陶器，或特殊工艺陶器，商代的刻纹白陶乃是其杰出的代表，陶范上的刻纹也有着精湛的艺术价值。至于晚期历史时代所见一些陶器上的刻纹，往往和雕塑手法密不可分，我们将其归入雕塑的方法之中。陶器刻纹图案一般都极细腻复杂，多是青铜器常见的纹饰，如回纹、云雷纹、兽面纹、饕餮纹、夔纹、蝉纹等。

雷纹

雷纹或称云雷纹，和回纹近似，也是以图案命名的纹饰。是方形的卷折图形，可以二方连续或四方连续，但一般并不是按照这种法则连续的，而是随着图案形式任意发挥，无限延续，巧妙地收住，将主体图案衬托突出，从而构成纹饰图案中的地纹，有时它则是形成条带，或形成方块，又组合成几何形图案，变幻莫测，构图精巧绝妙，实在是中国图案做法中的佼佼者，把中国青铜器装饰艺术引向一个高峰，又借用到陶器艺术中，大放光彩。雷纹也流行于商周时代，刻纹为主，也有印纹。汉代前后彩绘陶器上的某些繁缛的云气纹，其图案艺术效果和雷纹有异曲同工之妙，或许是和云雷纹有渊源关系的。

回纹

回纹多是一种圆形的图案，圆形内有卷曲的三角对称的波纹。但其变化的形式就复杂多了。有研究者认为，还有一种方形回纹，方形内四角相分，也是对称的，实际上是一种斜格的窗式。应该说，一圆一方是有很大差别的。圆形回纹在商代开始出现，装饰在青铜器上，又借用到陶器纹饰上，和雷纹等配合，用在圆形图案的中心。战国至汉代，在陶器彩绘中得到很大的发展，和云气纹相配合，相得益彰。对后代的图案发展，回纹也常是圆形图案变化的基本框架，因而有显著的影响。方形回纹也是历代许多纹饰构图的基础，因此是其演变和发展。

印纹

印纹是以施纹方法来命名的，拍印、压印、模印等均是产生印纹的方法。印纹的纹样和图案极为丰富。绳纹实为印纹中的一个大类，但一般把它剔出另立，不再放在印纹中。除去绳纹和篮纹，印纹中的图案还相当复杂，但大多可以概括为几何形纹和形象图案或图画。如南方的几何形印纹陶器，盛行于新石器时代直至商周时期，汉代以后的釉陶也还有施以几何印纹的；中原龙山文化常见一种方格印纹陶器；历代许多砖瓦纹饰，往往是模印的几何纹或象形图纹，有的是画像图案等等，都可以视为印纹的内容。

瓦纹

瓦纹也作瓦棱纹，是轮制陶器中较多见的一种纹饰，是旋转产生的，陶器表面连续形成凸棱，凸棱之间略凹，形式类似屋面的瓦棱。瓦纹和凸弦纹

红印纹陶器

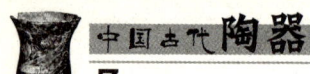

有些相似，但很不同，不能混淆。瓦纹凸棱之间有时相距很大，人们便称作竹节纹。瓦纹陶器在新石器时代晚期流行，青铜时代继续，类似者在历代也偶有所见。

涡纹

涡纹是以图案命名的一种纹饰，属于几何纹之一。涡纹和回纹相似，有人将网纹也叫做涡纹，是不对的。涡纹得名于旋涡，即类似于旋涡一样的图形，是在圆形的外围形成旋向的波纹。由此可以演变出复杂的图案。涡纹在新石器时代中期出现，多见于彩绘中，马家窑文化彩陶中十分盛行。后来历代的一些构图中，都可以找到涡纹发展的影子。涡纹在图案做法中也是一种基础构图。

堆纹

堆纹是新石器时代陶器相当普遍的一种纹饰，是以施纹方法命名的。它是在陶器表面用泥附加上去的装饰纹样，常见有环绕一周的、有断续一周的，也有一段、一片地有规律分布的，具体的堆纹形式各不相同，有的波浪起伏，有的齿状或鸡冠状，有的璎珞状，有的泥饼状，有的乳钉状，有的花边状，等等，组合形式上也颇不相同，总之复杂多样，富于变化。新石器时代中晚期比较盛行。堆纹环绕附于陶器周围，可以起到加固的作用，犹如泥箍，也可以起到耐热的作用，尤其是满布堆纹的陶器，提高了热力性能，故一般附加堆纹往往以夹砂陶器为多。堆纹属于典型的纹饰，多具有图案特点，和陶器表面有时堆塑的动物或人形的造型装饰不同，后者有陶塑的特点；而又和历史时期陶器一些立体的装饰纹样不同，这种多带有雕塑手法，并且常兼有多种装饰艺术形式。

第七章

中国古代陶器鉴赏

　　陶瓷是文化的结晶、艺术的精华。陶瓷的发明,是人类社会发展史上划时代的标志,是人类发明史上的重要成果之一,也是我们中华民族对世界物质文明做出的又一重大贡献,所以我们的祖国有陶瓷之国的称誉。陶器是随着史前人类进入新石器时代而出现的,在那遥远的古代,我们的祖先不知道经过了多少艰难困苦发明了陶器,让我们在欣赏陶器之美时一并感受古人的智慧吧!

第一节
主流陶器鉴赏

彩陶鉴赏

彩陶是新石器时代文化遗存中最精美的陶器，具有浓厚的生活气息和独特的艺术风格。利用赤铁矿粉和氧化锰作颜料，使用类似毛笔的工具，在未烧的陶坯表面上彩绘各种图案。入窑经 900℃～1050℃ 氧化燃烧后，在橙红的底色上，呈现出黑、红、白等颜色的图案，烧成后彩绘牢固地结合在器物表面不易脱落。有的在彩绘之前，先涂上一层白色陶衣，使彩绘花纹更为鲜明。彩陶自 1912 年在河南渑池县仰韶村新石器时代文化遗址中发现后，甘肃、青海、陕西、宁夏、河南、河北、山西、山东、江苏、四川、湖北等省区均陆续出土，它们分别属于不同的文化类型，有着很高的艺术收藏和研究价值。

彩陶背壶（新石器时代大汶口文化）

常见的彩陶器皿有饮食器、贮藏器和汲水器。如钵、碗、盆、盘、杯、罐、瓶等。

彩陶上的纹饰主要有花卉图案和几何形图案，也有少数动物纹和几何形

第七章　中国古代陶器鉴赏

纹饰等。

植物纹样，在距今 6800 年的浙江河姆渡文化陶器上，发现有稻麦粒、枝叶、花瓣，甚至有些已概括成为几何形体，并与几何形纹混合在一起构成纹样，形成一种独特的风格。

几何形图案主要有弦纹、网纹、锯齿纹、三角纹、方格纹、垂幛纹、漩涡纹、圆圈纹、波折纹、宽带纹，另有月亮、太阳、北斗星等纹样。

动物纹样，常见鱼纹、鸟纹、蛙纹等。兽纹较多的是猪纹、狗纹和鹿纹，有的奔驰，有的站立。这些动物形象的出现，反映出当时的渔猎在原始社会生活中的重要地位。

人物纹样较少见，1973 年在青海大通县出土一件陶钵，其 1/3 沿内壁上画有三组跳舞的人群，五人一组，舞人动作整齐，姿态优美，堪称彩陶精品。西安半坡遗址出土的人面鱼纹彩陶盆，制作精美，带有浓厚的生活情趣。

釉陶鉴赏

釉陶出现于汉代，是指器表施釉的陶器。因在釉料中加入铅做助熔剂，又称"铅釉陶"。釉料中加入铅，不但可以降低釉的熔点，还可使釉面增加亮度，平正光滑，使铁、铜着色剂呈现美丽的绿、黄、褐等色。釉陶的制作成功，是汉代制陶工艺的杰出成就，对陶器的发展产生了极大的影响。釉陶常见的有两种：一是胎呈灰色，胎质坚硬，器表带有灰色透明青釉，烧成温度达 1200℃。其物理性能已接近瓷器，原料为高岭土，吸水率很低。另一种是胎呈红色，是在普通的陶胎上施赭黄、深绿、翠绿、茶黄、粟黄等色的铅釉，用 700℃~800℃ 低温烧成，表面呈光亮美观的色彩，也称"低温铅釉陶"，西汉时出现，东汉盛行，多为随葬明器。

釉陶器物的造型以壶、鼎为主，也有人物、动物、楼阁、灶、井、仓等。

釉陶在南北朝时得到很大发展，

古陶文明博物馆陶奁

胎质、釉彩、造型在技术和艺术上都达到了较高水平。唐三彩便是低温铅釉陶，它的出现代表釉陶发展到顶峰。宋、辽、金、元时期，釉陶不但继承了唐代的风格，还出现了一些实用器物，如灯、炉等，但工艺不能和以前相比。明清时期，釉陶逐渐走向没落。

白陶鉴赏

白陶是指陶胎表里均呈白色且坚硬而细腻的一类陶器。其陶壁薄而均匀，有的器表印有浅浮雕式几何形图案。据安阳殷墟出土的白陶分析，白陶的化学成分以氧化硅和氧化铝为主。在电子显微镜观察中，它的矿物的主要组成与高岭土很相似。近年来，有的学者对湖北枝江关庙山出土的白陶进行研究，提出白陶含有两种原料：一种是以氧化硅和氧化铝为主的白黏土；另一种是以氧化硅和氧化镁为主的白黏土，手摸有滑腻感，这两种原料的共同点是氧化铁的含量低，因此，制成的陶器均呈白色。白陶是在氧化气氛中烧成的，烧成温度约在 1000℃ 左右。制法主要采用泥条盘筑法，兼用轮制法。

白陶的分布地区相当广泛，黄河流域、江汉地区与南方地区都有发现，涉及仰韶文化、龙山文化、大汶口文化、大溪文化与皂市下层文化等诸多考古学文化。其中，年代最早的白陶是近年来在湖南岳阳钱粮湖坟山堡遗址中发现的白陶，其文化性质属皂市下层文化，年代约距今 7000—8000 年，这是迄今所知年代最早的白陶。岳阳坟山堡出土的白陶，纹饰与造型都比较单纯。纹样主要是拍印的绳纹，器型仅为罐类器物，其他器类罕见。在洞庭湖周围，湖南安乡划城岗、汤家岗、澧县丁家岗和湖北公安王家岗、枝江关庙山等大溪文化遗址都发现有数量不等的白陶片。其中，划城岗与汤家岗出土的数量较多，器表遍饰篦印纹或戳印纹，纹样有三角纹、椭圆纹、联弧纹、连珠纹与拟夔纹等。这些纹饰是采用各种形状的小戳与篦状工具印成的，排列整齐，每厘米内有 5~7 个印痕。器类主要是盘。关庙山发现的白陶尊，方唇，肩部有折棱，造型优美。浙江桐乡罗家角遗址发现的白陶，年代亦较早，距今为 6890—7170 年。其陶胎经上海硅酸盐研究所进行理化测试，发现其胎泥不是瓷土或高岭土，而是一种氧化镁含量较高的陶土。器表饰有凸弦纹、勾连纹、曲折纹、菱形纹及月牙纹等组合的主纹图案，图形近似饕餮纹。器类主要是豆一类器物。豆盘为敛口浅弧腹，豆柄粗矮，全器造型别致，纹饰繁缛，反映了当时制陶工艺的高超水平。

在珠江三角洲地区，发现白陶的地点亦较多，比较重要的有增城金兰寺，曲江石峡，东莞万福庵，高要岘壳洲，新会罗山嘴，中山龙穴，深圳大黄沙、小梅沙、咸头岭，珠海后沙湾，澳门黑沙湾，香港大湾、蟹地湾和春坎湾等。各地发现的白陶数量不等，比例不同，但均占陶器总数的很小比例。器表装饰盛行绳纹，次为波浪纹、凹弦纹、弧线纹与圆点纹等。器类多属圈足盘与簋形器，还有一些碗、钵与豆等。器表装饰中，有由浅浮雕式篦印纹与戳印纹组合的图案，做工精细，整齐美观。

大汶口文化白陶高足杯

在中原地区，龙山文化和二里头文化也曾发现过一些白陶。其器表装饰的花纹主要是刻划纹，其次为镂孔与乳钉饰。器类有鬶、折肩盉、带錾斝等，都属于酒器一类的饮食器，造型都比较典雅别致。另在陕西南部南郑县龙岗寺遗址发现少量白陶片，器表饰篦印纹，器型为陶盆。

发现白陶最多的是河南安阳殷墟遗址。仅在安阳西北岗的发掘中，就出土白陶片1400多片。殷墟的白陶均由高岭土经高温烧制而成。质地洁白细密，多饰有几何形图案，制造精美。器类复杂多样，有簋、盆、豆、盉、尊、罐、鼎、爵、觯、罍、壶、甗、斝等，多仿自青铜器的造型，故不少白陶的器型特点与同类铜器相似。商代的白陶在发展过程中也在不断变化。如商代早期的白陶，纹饰多见绳纹，附加堆纹与人字形纹等，器类主要是鬶、盆、盉与锥足爵等。商代中期的白陶，器表多为素面磨光，饰绳纹的较少，器类除盉、爵与鬶外，还有钵、豆与各种形式的罐。到了商代晚期，白陶器生产进入高度发展的时期，也可以说达到最辉煌的时期，分布地域广，出土数量多，器类多造型规整，纹样排列整齐美观。纹饰主要有云雷纹、曲折纹、夔纹与饕餮纹等，纹道深，图案清晰。器类常见的有圈足簋、长颈壶、鼓腹盉、觯、双鼻卣与小口罍等。这里出土的质地洁白纯净、图案精美的白陶，代表了当时制作白陶的最高技术水平。

黑陶鉴赏

　　黑陶器是中国新石器时代晚期龙山文化的最有代表性的器物。龙山文化的年代为公元前 2400—前 1900 年，因 1928 年在山东章丘县龙山镇城子崖首先发现而得名。又因为这种文化的陶器最占优势的颜色是黑色，所以，就有"黑陶文化"的称号。出土黑陶器的龙山文化遗址或墓地已发现 200 多处，经过发掘的有龙山城子崖和日照两城镇、胶县三里河、日照东海峪、诸城呈子、潍坊姚官庄和鲁家口、茌平尚庄、徐州高皇庙与泗水尹家城等十多处。黑陶器在制法、质地、色泽、造型与纹饰等方面都有其独自的特征。制法都采用轮制技术，从器身观察，可知所用的陶轮是一种用活动的小棒使之转动的快转轮，而精制的陶器薄壁只有经过某种旋盘的方法才能制成。陶胎越薄越均匀，则要求快轮的旋转速度越高，轮盘的安装也越要求稳定。黑陶内外透黑，表面呈漆黑色，光泽美观。器壁薄如蛋壳，厚度大都在 0.5～1 毫米之间，有少数器物的盘口部分厚度只有 0.3 毫米左右，可见以蛋壳比喻其胎之薄并非夸大之词，故美其名曰"蛋壳陶"是名副其实的。黑陶选用的陶土都经过精细的淘洗，土质细腻。当时人们已经知道燃烧的氧化和还原的原理，黑陶在烧成后期主要采用氧化焰，就是在烧成将近结束时用烟熏，进行短时期的渗碳，而获得黑色陶。黑陶的烧成温度一般达 1000℃左右，其质地比一般的红陶、灰陶器更为坚硬牢固。当时能够制造胎质轻巧、造型优美的黑陶器，表明当时的制陶工艺已经达到了高度发达的水平。

　　黑陶质地细腻，表面磨光，而呈黝黑光亮者尤为突出。陶器的外表修饰以素雅光洁为其特征，故多为素面，有部分施有纹饰。纹饰常见者有弦纹、压印纹、刻划纹、篮纹、附加堆纹与镂孔等。刻划的纹样有三角形、斜线、垂直线或平行线纹多种。镂孔多施在豆把上，孔呈圆形、三角形或长方形等。镂孔往往与弦纹、波纹、竹节纹相间排列，饰在精致的薄胎高柄杯上，使造型更加玲珑精巧。

　　黑陶器类多样，常见的有罐、鼎、鬶、碗、盆、豆、杯、盘、盂、盒、壶、瓮、蚕与鬲及各种各样的器盖等。其中以罐、豆、鼎、碗、鬶、杯的数量最多，也是黑陶中最典型、最具有代表性的器物。其器体上多附有器耳或把手以及带管状流，作鬼脸式或环状足的鼎为山东龙山文化所独有。一些器物或小型附件如盖钮、器足都塑造成鸟的形象，陶鬶似乎就是以鸟为原型制作的。仿鸟造型也是山东龙山文化的一大特点。

山东龙山文化可分为早、中、晚三期。早期以诸城呈子遗址为代表，出土的黑陶与灰陶数量差不多相等，袋足鬶、罐形鼎、高柄镂孔豆、蛋壳陶高柄杯等为代表性器物。中期以胶县三里河遗址为代表，黑陶明显增加，以盆形鼎为主，次为小袋足鬶、蛋壳陶粗高柄杯、甗、三足盘、罐和单耳杯等。高柄杯的杯身饰有竹节纹或镂孔。庸瓦是新出现的器物。晚期以潍坊市姚官庄遗址为代表，黑陶占绝对优势。袋足鬶、盆形鼎、鸟首形足双腹鼎、盆、碗、尊、瓮与侈口鼓腹杯等为代表性器物。蛋壳陶盘口高柄杯与冲天流小袋足鬶，造型新颖别致。

黑陶杯

山东龙山文化某些陶器与大汶口文化相似，如鬶、鼎、豆、单耳杯与高柄杯等都是两者共有的器物，并且在造型、纹饰上存在着承袭演变的关系。大汶口文化比山东龙山文化的年代要早，后者是前者的继续与发展。在山东日照两城镇出土的磨光黑陶片上阴刻有云雷纹与饕餮纹等纹样，与商代青铜礼器上的装饰花纹如出一辙，表明两者的关系极为密切。

黑陶器的产地除山东地区外，在江浙地区的良渚文化遗址或墓地也发现不少。良渚文化的陶器以泥质黑陶为主，表里皆黑的薄胎蛋壳陶与山东龙山文化同类器酷似，属同一质地的器物。但良渚文化的黑陶多数是属于灰胎黑皮陶，胎质比蛋壳陶软，烧成温度也相对较低，制法除采用轮制法外，还兼用手制与模制，三足器的足部系分别模制后再粘接在器腹上。器表除素面者外，常见的纹饰有篮纹、绳纹、弦纹、刻划纹、锥刺纹、波浪纹，附加堆纹与镂孔等。镂孔工艺较发达，仅在豆把上的镂孔就有多种形式，既有圆形与椭圆形的，也有窄条形与弧边三角形的。器类有杯、盆、簋、尊、釜、鬶、盉、豆、鼎与大口尖底器等。其中宽把杯、柱足斝、贯耳壶、圈中盘、竹节形细把豆、鳍形足或丁字形足鼎等是良渚文化最有代表性的器物。

灰陶鉴赏

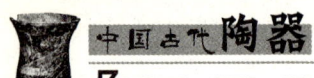

灰陶器是考古发掘中最常见的陶系,自新石器时代起,一直绵延不断。不过,随着瓷器的产生、发展,灰陶器已逐渐退居次要的地位。灰陶产生于新石器时代早期,而发达兴盛于新石器时代晚期至青铜器时代。

新石器时代晚期的龙山文化遗存分布较广,以黄河中游为中心区,主要包括陕西、河南、山西、河北南部等地。龙山文化遗址已发现了500多处,经过不同规模发掘的有30多处。其中,比较重要的有河南陕县庙底沟、洛阳王湾、汤阴白营、安阳后冈、永城王油坊、陕县三里桥、山西襄汾陶寺、陕西长安客省庄、武功浒西庄等遗址。由于分布地域较广,发展的时间较长,陕西和河南的龙山文化可分为早、晚两期,早期称为庙底沟二期文化,晚期分别以河南龙山文化、客省庄文化等名称命名。

庙底沟二期文化因1953年在河南省陕县庙底沟首先发现而得名,年代为距今4580—4890年。同类型的遗址有洛阳王湾、郑州大河村、华阴横阵村与晋南芮城西王村等。这里灰陶分夹砂灰陶与泥质灰陶两种,它们占出土陶器总数的90%以上,表明灰陶系在所出土陶器中是占绝对优势的。这种灰陶器的大量生产是与当时陶窑结构的改进与烧窑技术的提高密切相关的。当时陶窑的形制是竖穴式结构。庙底沟发现的陶窑由小火口、深火膛与多火道圆窑室组成,火道由主火道与支火道串通一起,底有窑箅,箅上有20余个火眼与火道相通,窑壁残高80厘米。从箅底向上逐渐内收成穹窿顶。这种结构利于停火后封窑,使陶器中的氧化铁还原成灰色。其烧成温度为840℃。制法多采用泥条盘筑法,口沿多经慢轮修整,器身、器耳与器底等都是分别制成后连接在一起的;三足器的三足系分别制成后,再与器身粘接。器表除素面者外,有不同的花纹装饰,主要有篮纹、绳纹、附加堆纹、方格纹、镂孔与少量彩陶等。篮纹多作横向或斜向排列,有的在饰有篮纹的器表再加饰几道附加堆纹,它既为装饰美化,又能起着加固器身的作用。器型较厚重,以三足器为主。器类有筒形灶、小口折肩罐、澄滤器、尖底器、圜底釜、鼓腹斝、盆形鼎或罐形鼎等。其中陶灶的造型较新颖奇特,灶身呈筒形,无底,马鞍形火口,器上部有四个对称小圆孔,作为通烟用。这是该文化最具特点的器物。

龙山文化晚期遗存的分布比早期遗存更为广泛,除河南、山西、河北等有较多的发现外，在安徽、山东等地也有发现。年代为距今4000—4400年。灰陶器在这个时期仍然占主导地位。据汤阴白营遗址统计，灰陶器占出土陶器总数的90%。陶质较坚硬，火候亦较高，烧成温度为1000℃。制法普遍采用轮制法，同时兼用手制与模制法，三足器的三足几乎全用模制法分别制成后，再与器身连接在一起。装饰花纹以绳纹与篮纹为主，次为方格纹、划纹与附加堆纹等。器类较多样，有鼎、斝、罐、碗、盆、盘、杯、甑、鬶、盉、豆、鬲、甗与器座等，其中，甗系新出现的器型，甗是由甑与鬲上下结合而成的。分布在以洛阳为中心的伊水、洛水流域的王湾类型是龙山文化晚期的代表遗存。其灰陶器的纹样以方格纹为主，其他有篮纹与绳纹。器类有双腹盆、鬲、单把盉、双耳罐、豆、盆形折腹斝、鬶、盆形甑、罐形圜底鼎等。后冈类型分布在河南北部与河北南部等地区。其灰陶器的装饰以绳纹为主，次为篮纹与方格纹。器类有折腹盆，鬲、盆形斝、长流鬶、罐形鼎、深腹甗、罐、鸟首足鼎与大器座等。其中长流鬶与鸟首足鼎和山东龙山文化同类器很相似。在汤阴白营发现的高足盘座上，刻划有一幅裸体人像，画面完整，是一件难得的陶制艺术品。陕县三里桥类型主要分布在河南西部与山西的西南部地区。这里的灰陶器的造型特点，既有王湾类型的特点，又具有客省庄文化的因素，如平沿鬶、双腹盆、盆形甑与王湾类型相似，而高领折肩罐、单把鬲、双耳罐、罐形斝又与客省庄文化同类器酷似。近年来，在山西襄汾陶寺遗址发现了一批颇具特色的陶器。它既具有一般龙山文化的特征，又有其独自的风格。这里出土的扁壶、高柄豆、双鋬斝、扁足形鼎、带鋬鬲、釜灶与各种不同形式的罐等在造型上都有自己的特点。其中最具特色的是一种釜灶连体器，系以圜底釜和筒形灶上下套接成的大型炊器，在腹部两侧置一对鋬耳，以便于人们提携或搬动，这是陶寺出土的陶器中最有代表性的一种器物，为其他文化类型所未见。

客省庄文化是分布在陕西的龙山文化，所出灰陶器以绳纹与篮纹为主，方格纹较少。器类有侈口罐、单把鬲、罐形鼎、双耳斝、长流鬶、高领折肩罐、盉和豆等。其中罐类较多，有无耳、单耳、双耳与三耳之分，以双耳罐为主。出有陶塑鸟首与"陶祖"制品，后者是对男性崇拜的反映，这从一个侧面说明了当时的社会发展阶段已是父系氏族社会。

夏商周时期，灰陶器又得到进一步发展。当时制陶所用的陶土都经过仔细挑选，并掺入一定比例的砂粒或蚌壳末，胎质较坚硬，耐火度较高。制法普遍采用轮制，兼用模制与手制；形体容积较大的陶缸一类器物多用泥条盘筑法，并经轮修制成。相当于夏代的二里头文化的陶器，以泥质和夹砂灰陶为主，器表磨光，装饰有各种不同纹样，常见的有旋涡纹、叶脉纹、绳纹、篮纹、方格纹、回纹、云雷纹等，以绳纹为主要纹样。器类以三足器、圈足器与平底器为主，最常见的有罐、罐形鼎、瓠、盉、圈足簋、三足盘、甑、折肩瓮与高柄豆等。其中三瓦状足陶盘与罐形乳状足鼎等造型较特别。腹部饰有附加堆纹的高足鼎与圈足簋等是新出现的炊器与饮食器。在装饰图案上，出现了龙、蛇、兔、饕餮纹和裸体人像等，形象都比较逼真。

商代灰陶器以泥质灰陶为主，次为夹砂灰陶。器身遍饰印痕较深的绳纹，它是纹饰中的主纹，约占纹饰总数的80%以上，次为云雷纹、凸弦纹、凹弦纹、双勾纹、圆圈纹与附加堆纹等；此外刻划纹有蝉、鱼、夔龙等动物纹。器类以圜底器、圈足器与三足器为主。到了商代晚期，圜底器减少，平底器与圈足器增加。三足器由高体变成矮体，陶豆由高圈足变成矮圈足，同时出现了仿铜礼器的陶器，如瓠、卣、簋、爵、觯、鼎、甗等。

西周时期的灰陶器承袭商代，在造型上仍以袋足、圈足和平底器为主要特征，纹饰以粗绳纹为主，次为云雷纹、回纹、重圈纹、弦纹、三角纹、划纹、方格纹、席纹等。器类以陶鬲占多数，约占同期炊器的80%以上，次为甑、甗、豆、瓮、罐、盆、大圈足簋、圈足盘与双鼻罍等。随着时间的推移，某些代表性器物在造型上有所演进变化，如三足器的裆部与足部都由高变矮，圈足器由细高变成肥矮、足尖由显著至逐渐消失，陶豆由矮圈足变成喇叭形足，陶盆由卷沿变成折沿，陶罍由肩部置双鼻简化为无鼻。

春秋战国时期的灰陶器以平底器占主导地位，圈足器明显减少。纹饰比西周时期简单，主要的纹饰为粗绳纹和瓦纹，次为方格纹、席纹、暗纹与附加堆纹等。器类有折肩罐、折沿矮足鬲、高柄豆、甑、折腹盂和圜底釜等。造型上的变化是，三足器的袋足发展到晚期变成象征性的，底部三处仅呈隆起状，进一步发展为圜底釜；陶豆柄由低柄变成高柄，豆盘由深盘变成浅盘，演化的阶段性极为明显。

商朝陶罍

商代觚、爵类酒器较多，西周以后酒器减少，而出现较多的是鬲、簋、罐、盂、豆等。战国时期多用鼎、豆、壶，南方地区则多用鼎、敦、壶或鼎、簋、壶。

随着原始瓷器与漆器制造等手工业的出现与广泛的应用，灰陶器的品种也逐渐减少，在手工业生产中不占主要地位了。据统计，夏商时期，各种灰陶器的器型达20多种，到西周时期便减少到10余种，发展到春秋战国时期，生活用陶仅约10种左右。这清楚地说明，随着生产技术的改进与发展，人们已不限于制陶业生产，而是更多地从事原始青瓷与漆器等方面的生产，从而使当时的手工业生产进入更广阔的领域，社会生产力得到了进一步的提高。

第二节 另类陶器鉴赏

印纹硬陶鉴赏

印纹硬陶是指器表拍印有几何形花纹且质地坚硬的陶器。考古界把这种独具特征的陶器，称之为"几何形印纹陶"、"几何印纹陶"、"印纹硬陶"，或简称为"印纹陶"。印纹硬陶是中国南方古代越族人普遍使用的一种生活用具，主要分布在江西、福建、浙江、湖南、广西、广东、香港等地。印纹硬陶出现在新石器时代晚期，兴盛于殷周时期，消亡于秦汉时期，与越族文化相始终。

印纹硬陶胎质细腻、坚硬，烧成温度据测试为1150℃左右。它所用的原料含铁量较高，致使胎质及表里颜色呈紫褐色、红褐色、灰褐色与黄褐色，其中紫褐色印纹硬陶的烧成温度最高。有的陶器器表遗有在窑内高温熔化而成的光泽，似一层薄釉。根据化学成分分析，印纹硬陶胎质原料基本上与同

印纹硬陶大罐

期的原始瓷器相同,只是其含氧化铁量较原始瓷器多些。其制法一般采用泥条盘筑法成型,器物的附件,如器耳、鼻、錾等,皆分别捏塑成形后再粘接在器身上。这种制陶法是承袭了新石器时代彩陶或灰陶的制陶法而发展起来的。

印纹硬陶的发展过程,可分为发生期、兴盛期、衰退期三大阶段。印纹硬陶的发生期,约相当于新石器时代晚期,年代约在公元前3000—前2000年。这个时期的印纹硬陶数量与器类都比较少,发现较多的是江西与广东等省。在江西清江筑卫城遗址的发掘中,在下层曾发现一批印纹硬陶。印纹的纹样最常见的有方格纹、曲折纹、旋涡纹、圆圈纹、叶脉纹、网格纹等,以方格纹等几何形纹为主题纹饰。印纹有的排列整齐,有的拍打较浅,纹道出现重叠或交错的现象。器类为罐、鼎、壶和器座等,特别流行圜底器与凹底器。在广东曲江石峡下层墓葬出土的陶器中,印纹硬陶占一定的比例,纹样以曲折纹为主,次为方格纹、绳纹、旋涡纹、圆圈纹、篮纹与箅纹等,器类有罐、豆、釜、鼎与瓮等。总之,这个时期制陶技术还处于初级阶段,印纹多是用刻有几何形图案的陶拍或木拍印上去的。

印纹硬陶的发展兴盛期相当于商周时期。这一时期的发现,不论南方还是北方地区都比以前多,尤其是江西、福建、广东、湖南等省最为突出。江西吴城遗址的印纹硬陶占陶器总数的39%,福建闽侯县石山遗址上层的印纹硬陶占陶器总数的52.63%,广东佛山河岩遗址上层的印纹硬陶占陶器总数的比例较大,为78%;占比例最大的是湖南零陵菱角塘遗址,发现的印纹硬陶占全部陶器的95%以上,其中饰方格纹、篮纹的占有75%。广东佛山河岩遗址与石峡中层遗存印纹硬陶特别发达,以曲折纹、方格纹、云雷纹为主纹,盛行圜底和圈足器。发展到石峡上层阶段,印纹陶占多数,烧成温度达1100℃,制陶工艺大为提高。印纹规整清晰,线条流畅,图案组合和谐美观,纹样中以夔纹、云雷纹为主体花纹,同时,还盛行凸点、凸菱、方格及宽带兽面纹等一类浮雕式纹样,独具特色。印纹的器类有折肩深腹坛、圆肩瓿、敛口深腹平底或圜底瓮等。这些器物在造型上的一大特点，就是体积高大，最大者通高近1米，是一种较为理想的贮盛器。但作为食器用的小型器皿却很少见或不见。这种现象当与原始瓷器的普遍使用有关，因为原始瓷器比陶器具有更多的优越性。

在北方地区的河南、河北与山东等省，印纹硬陶在商周时期的遗址中也有发现，如在河南偃师、山东益都和河北藁城台西村等地，都出土了数量不等的印纹硬陶。纹样常见的有云雷纹、叶脉纹、弦纹、绳纹与回纹等，其中云雷纹与回纹仿自同时期的青铜器花纹。器类有直口深腹罐、带鼻圜底罐、小口圜底尊和短颈圜底瓮等，以圜底器占多数，反映了这个时期印纹硬陶在造型上的特点。

印纹硬陶的衰退期相当于战国秦汉时期。战国时期，由于原始青瓷器的长足发展、铁器的使用与推广，以及漆器的普遍使用，导致了印纹硬陶走向衰退。这可以从考古资料中得到佐证。江西九江大五岭遗址出土的陶器中，泥质、夹砂灰陶占出土陶器总数的40.5%，而印纹硬陶再加上釉陶及青瓷器仅占10%。印纹硬陶大为减少。印纹的花纹最具有代表性的是米字纹、蕉叶纹、麻布纹与复线交叉纹，其次有方格纹、绳纹、弦纹、篮纹、云雷纹，还有占比例较少的席纹和刻划的水波纹、条纹、篦纹等。兴盛期最流行的夔纹逐渐减少，复线交叉纹也较少见，蕉叶纹也变得粗疏。印纹纹样的变化由繁趋简，标志着印纹陶走向衰退。

公元前221年秦始皇统一中国后，南方地区正式划入秦朝版图。当时，经济、文化等各个领域都处于高度发展的阶段，原始青瓷器与漆器等工艺也在迅速发展，特别是原始青瓷器，因其坚实耐用，精美别致，适应了日益增长的社会需要，遂使印纹硬陶退居次要的地位，直至消亡。

关于印纹硬陶的各种图案的来源及含义问题，学术界还存在不同的认识或看法。有的认为印纹几何形图案是源于生产和生活，如网格纹与方格纹可能是从竹器等编织物模仿来的；有的认为是自然物的写照，如水波纹、三角纹等可能是山川河流的反映；更多的人认为印纹图案与古越族图腾崇拜有直接联系，如S形纹、云雷纹、回形纹、波折纹、叶脉纹与圆点纹等都与蛇皮斑纹有着极密切的关系，既是蛇的形状与蛇斑纹的模拟、简化和演变，也是对蛇图腾崇拜的反映。古越族存在着以蛇为图腾的习俗，这在古文献记载与考古资料中都能得到印证。

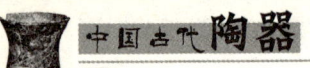

蛋壳陶鉴赏

所谓蛋壳陶，是言其陶质之细腻，胎体之薄如蛋壳，制作之精巧无比，它是史前陶器中的特种工艺绝技，久已失传。蛋壳陶器只在新石器时代晚期很短暂的时间里，昙花一现，发现的数量少，所见的地域分布也很小，故此尤为珍贵。

一般蛋壳陶的厚度仅为1毫米左右，也只有达到这个标准，才可称其为蛋壳陶。迄今为止，考古发现的蛋壳陶只见于两个文化区，首先是在山东龙山文化中所见的蛋壳黑陶，然后是在湖北屈家岭文化中见到的蛋壳彩陶，后来又在湖北大溪文化中发现了蛋壳彩陶，这看来是所知年代最早的蛋壳陶了。蛋壳陶的制坯和烧造，工艺都十分讲究，有着神秘的技巧。这种技术失传了几千年，只是在近些年，我国的考古和制陶工作者，通过钻研试验，才又重新生产出了新的蛋壳陶，恢复了古代绝艺。

龙山文化：蛋壳陶高柄杯的雏形

1. 青龙泉蛋壳彩陶杯

青龙泉彩陶杯于1961年湖北郧县青龙泉遗址发掘出土，器型作敞口，斜直壁，小平底。其质地细腻，制作精细，表面磨光，胎厚0.1厘米。陶杯内外均施彩绘，红彩与黑彩兼施。其口沿绘宽带纹一周，下半部杯身涂黑彩，以红彩相间。内壁绘红彩条纹两道于口沿处，与分布的四个圆形相切，圆外围以弧线，四组图案之间以点线相连，圆形下部涂黑，其余为红彩。内底一周施以黑彩带纹。内外彩绘图案充实，构图严谨，层次感强。口径11.5厘米，底径4.8厘米，高6.8厘米。陶杯现藏中国社会科学院考古研究所，属屈家岭文化晚期。

2. 黄楝树蛋壳彩陶杯

1965年河南淅川黄楝树遗址发掘出土的黄楝树蛋壳彩陶杯,属屈家岭文化。细泥红陶,敞口,斜弧壁,小平底。胎呈浅黄色,内外均施橙红色陶衣,绘红彩。外壁以红彩涂抹,不甚清晰,深浅不匀。内壁口沿处施两圈细条纹,中部绘三组双弧线条纹。红彩在橙色陶衣上隐隐现现,似有一种虚幻的感觉,效果很特别。藏于河南省博物馆。

3. 姚官庄蛋壳黑陶杯

1960年山东潍坊姚官庄遗址发掘出土的姚官庄蛋壳黑陶杯,器形稍残,复原后成形。这是解放后第一次获得的龙山文化蛋壳黑陶复原器型。其出自墓葬,细泥黑陶,轮制,磨光。盘形口,深腹圜底的杯与曲壁镂孔的柄足,相互套合而成。犹如杯胆放入杯壳之中,外形似奖杯状。曲壁形柄壁以五条凸弦纹分隔,以若干三角形和长方形小镂孔及斜线划纹构成繁复的装饰图案,足部成束腰圈足状,饰以细弦纹。造型的曲线和精美的装饰都显得异常典雅。器壁仅厚0.5毫米,十分工巧。这种形式是蛋壳黑陶杯造型的较晚特点。其口径14.2厘米,通高12.4厘米。现藏于山东省博物馆。

4. 蛋壳黑陶高柄杯

山东日照出土的蛋壳黑陶高柄杯。细泥黑陶,器型完整。造型细高,由喇叭形大侈口、深腹、圜底的杯,下加细长的柄,柄中部凸起一段作鼓腹状,表面布满密麻的竖向细小镂孔,但仍显整齐而匀和,柄下端成圈足形座。通体磨光,略泛光泽。杯腹部表面饰有弦纹。整个造型显得精巧、别致,装饰则较简洁、清爽。这种形式表现出蛋壳黑陶杯较早的特点,其制作十分精工细致,该杯以造型强烈的形式感而具有吸引力,颇有代表性。

特型陶器鉴赏

所谓特型,是指在造型上甚为独特,又趋于特化的形式。这是一大类陶器,形式上可以有多种。例如中国古代最具特征的三足器和袋足器的鼎与鬲

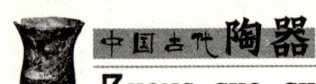

之类，就应当列入特型陶器之中。还有如方形器，以及一些异形器，也可视为特型陶器。

这里使用特型陶器这个名称，无非是想从造型角度将一些相关的陶器集中到一起来叙述，起一个归类的作用。不过，我还是认为，特型的陶器在陶器发展中是存在的，有的形式盛极一时，但后来都消亡了，那种形式就是一种特化的形式，可称为特型陶器。

1. 河姆渡猪纹方形钵

1973年浙江余姚河姆渡遗址发掘出土的河姆渡猪纹方形钵，属于河姆渡文化，距今约六千多年。乃夹炭黑陶，手制，造型简单，呈长方形，圆角直壁，平底。其表面磨光，钵的两面分别刻划一只猪纹，长嘴短尾，椭圆腹体，细长腿作行走姿态，小耳，背部披毛，身体上刻划成几何图案，更具装饰性。学者们从猪纹表现的形态分析，认为此造型正反映出由野猪向家猪驯化发展的趋势，说明原始先民早已开始驯养猪，这时已经成为家畜，但还有一些野性特征尚未退化，其形象地反映了这一转化过程，是不可多得的珍贵资料。这件陶钵口沿一角稍残，制作规整，方形造型配以猪纹刻划，表现了特殊的价值。其口径17.5～21.5厘米，高11.7厘米。现藏于浙江省博物馆。

2. 河姆渡叶纹六方盘

1973年浙江余姚河姆渡遗址发掘出土的河姆渡叶纹六方盘，残缺，复原后成形。属河姆渡文化。乃夹炭黑陶，手制，造型作六方形宽沿，椭圆形盘体，浅腹，平底。这种造型显然也是脱胎于木器的。口沿上刻划细叶纹图案，纹饰结构类似庙底沟类型彩绘勾叶纹，纹理齐整，紧凑，形成带状花纹，分布均匀和谐，与六边形轮廓协调，形式美观，是陶器中罕见的优雅器型，很有韵味。盘高5厘米。现藏于浙江省博物馆。

3. 河姆渡异形陶盉

1973年浙江余姚河姆渡遗址发掘出土的河姆渡异形陶盉，属河姆渡文化。其为夹细砂灰红陶，手制，砂质细匀，质地较细腻，胎薄。造型奇特，敞口，深圆腹，圜底，一侧有嘴，嘴体与器体自然融为一体，嘴向上冲，嘴与口之

第七章 中国古代陶器鉴赏

间形成一个小环形钮。形式类似后来的皮囊壶，又有些像螺号，但其造型显然是便于盛液体使用的，有人以为是酒器，这是很有可能的，应属斟酒器具。该器素面，表面打磨，十分光洁，显得漂亮而别致。盘口径 8 厘米，高 13.8 厘米。现藏于浙江省博物馆。

连体陶器鉴赏

这是以两件或三件，甚或多件相同的陶器连为一体而构成的一种陶器型制。这种连体造型的方法，并未从器物形制上加以改变，却以连接组合的方式创造了新奇的器物形态。连体的造型具有独特新奇的形式感，有一种结构的美。

1. 大塬彩陶双联罐

1974 年青海民和大塬出土，属马家窑文化。泥质黄陶，手制，器型完整。造型由两个敛口鼓腹小平底罐，以管状间接相连而成，二罐相接不很紧密，在上端又置一提梁，既是提梁又可起加固作用。彩绘主要是内彩，以紫彩和黑彩构图，内壁施十字宽带纹，在十字外的空处施以黑点纹，图案充实美观，外壁仅施于口沿及颈部，以紫色条带，配以黑色垂弧纹，较简单，似乎比较忽略外彩。这种现象对于器物的使用功能是值得研究的。其口径 9.6～10.2 厘米，高 7.4 厘米。现藏于青海省文物考古研究所。

连体陶罐

2. 齐家坪刻纹双联杯

1963 年甘肃临洮齐家坪出土，泥质红陶，属齐家文化，距今约 4 千年。

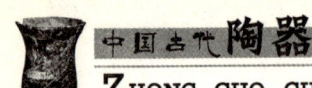

以二折颈折腹平底杯并联而成，相通，原器的单耳也相连于一起，耳把上有简单刻划，在把的另一面，是为正面，器腹上刻划有竹叶形图纹和蚕形虫纹，刻划图案不甚精细，学者们对其含义也有争议。刻划纹两边大体对称。口径5.7厘米，高8厘米。现藏于甘肃省博物馆。

3. 大窑双联罐

四川汉源大窑石棺葬出土，红陶制，年代约自战国到汉代，是早期连体陶器中年代较晚的一件。以二球形平底罐相连而成，口部相连，相通，再置一喇叭形小口，二罐底部因体连而倾斜，不能平置。制作比较特异。在肩腹部饰以细密线条组成的条带纹，带纹边沿施锥刺圆点连珠纹，装饰性强。口径6厘米，高17厘米。现藏于四川省汉源县文管所。

4. 银山岭四联罐

1974年广西平乐银山岭汉墓出土，属于西汉时期。泥质灰陶，由四件轮制的形状大小相同的小罐并联一起而成，互不相通，都带盖，底部附加6个卷曲形短足。罐腹施弦纹和水波纹，以水波纹为主，弦纹在其上下为边饰，器盖上施篦点线条纹，盖面弧面，中间有双条弓形钮，制作精致，装饰美观，较完整。罐宽15.8厘米，通高9厘米。现藏于广西博物馆。

图片授权

全景网

壹图网

中华图片库

林静文化摄影部

敬　启

本书图片的编选，参阅了一些网站和公共图库。由于联系上的困难，我们与部分入选图片的作者未能取得联系，谨致深深的歉意。敬请图片原作者见到本书后，及时与我们联系，以便我们按国家有关规定支付稿酬并赠送样书。

联系邮箱：932389463@qq.com

参考书目

1. 关锡汉．陶瓷．吉林：吉林出版集团有限责任公司．2012
2. 刘炜，段国强．国宝——陶器卷．济南：山东美术出版社．2012
3. 编委会．中华文明史话——陶器史话．中华文明史话．北京：中国大百科全书出版社．2012
4. 秦伟．瓷器的故事．北京：故宫出版社．2012
5. 韦茗．中国陶器．安徽：黄山书社．2012
6. 吴仁敬，辛安潮．中国陶瓷史．北京：团结出版社．2011
7. 于元．古代陶器．吉林：吉林出版集团有限责任公司．2010
8. 王先岳．陶瓷．北京：中国文联出版公司．2009
9. 姚江波．中国古代陶器鉴定．长沙：湖南美术出版社．2009
10. 方汉文．陶泥文明．济南：山东美术出版社．2008
11. 华文图景收藏项目组．古陶器收藏实用解析．北京：中国轻工业出版社．2008
12. 潘嘉来．中国传统陶器．北京：人民美术出版社．2006
13. 李知宴．中国古代陶瓷．北京：商务印书馆．1998
14. 呼林贵，刘恒武．替代殉葬的随葬品：中国古代陶俑艺术．成都：四川教育出版社．1998

中国传统风俗文化丛书

一、古代人物系列（9本）
1. 中国古代乞丐
2. 中国古代道士
3. 中国古代名帝
4. 中国古代名将
5. 中国古代名相
6. 中国古代文人
7. 中国古代高僧
8. 中国古代太监
9. 中国古代侠士

二、古代民俗系列（8本）
1. 中国古代民俗
2. 中国古代玩具
3. 中国古代服饰
4. 中国古代丧葬
5. 中国古代节日
6. 中国古代面具
7. 中国古代祭祀
8. 中国古代剪纸

三、古代收藏系列（16本）
1. 中国古代金银器
2. 中国古代漆器
3. 中国古代藏书
4. 中国古代石雕
5. 中国古代雕刻
6. 中国古代书法
7. 中国古代木雕
8. 中国古代玉器
9. 中国古代青铜器
10. 中国古代瓷器
11. 中国古代钱币
12. 中国古代酒具
13. 中国古代家具
14. 中国古代陶器
15. 中国古代年画
16. 中国古代砖雕

四、古代建筑系列（12本）
1. 中国古代建筑
2. 中国古代城墙
3. 中国古代陵墓
4. 中国古代砖瓦
5. 中国古代桥梁
6. 中国古塔
7. 中国古镇
8. 中国古代楼阁
9. 中国古都
10. 中国古代长城
11. 中国古代宫殿
12. 中国古代寺庙

五、古代科学技术系列（14 本）

1. 中国古代科技
2. 中国古代农业
3. 中国古代水利
4. 中国古代医学
5. 中国古代版画
6. 中国古代养殖
7. 中国古代船舶
8. 中国古代兵器
9. 中国古代纺织与印染
10. 中国古代农具
11. 中国古代园艺
12. 中国古代天文历法
13. 中国古代印刷
14. 中国古代地理

六、古代政治经济制度系列（13 本）

1. 中国古代经济
2. 中国古代科举
3. 中国古代邮驿
4. 中国古代赋税
5. 中国古代关隘
6. 中国古代交通
7. 中国古代商号
8. 中国古代官制
9. 中国古代航海
10. 中国古代贸易
11. 中国古代军队
12. 中国古代法律
13. 中国古代战争

七、古代文化系列（17 本）

1. 中国古代婚姻
2. 中国古代武术
3. 中国古代城市
4. 中国古代教育
5. 中国古代家训
6. 中国古代书院
7. 中国古代典籍
8. 中国古代石窟
9. 中国古代战场
10. 中国古代礼仪
11. 中国古村落
12. 中国古代体育
13. 中国古代姓氏
14. 中国古代文房四宝
15. 中国古代饮食
16. 中国古代娱乐
17. 中国古代兵书

八、古代艺术系列（11 本）

1. 中国古代艺术
2. 中国古代戏曲
3. 中国古代绘画
4. 中国古代音乐
5. 中国古代文学
6. 中国古代乐器
7. 中国古代刺绣
8. 中国古代碑刻
9. 中国古代舞蹈
10. 中国古代篆刻
11. 中国古代杂技